DOM BOSCO
O SANTO DOS JOVENS

Episódios
&
Pensamentos

D. HILÁRIO MOSER

Direção Editorial:	Pe. Fábio Evaristo R. Silva, C.Ss.R.
Conselho Editorial:	Ferdinando Mancilio, C.Ss.R.
	Gilberto Paiva, C.Ss.R.
	José Uilson Inácio Soares Júnior, C.Ss.R.
	Mauro Vilela, C.Ss.R.
	Marcelo da Rosa Magalhães, C.Ss.R.
	Victor Hugo Lapenta, C.Ss.R.
Coordenação Editorial:	Ana Lúcia de Castro Leite
Revisão:	Bruna Vieira da Silva
Diagramação:	Mauricio Pereira
Ilustrações:	Fernando Gaia da Silveira Filho

**Dados Internacionais de Catalogação na Publicação (CIP)
de acordo com ISBD**

M899d
    Moser, Hilário

        Dom Bosco o santo dos jovens: Episódios & Pensamentos / Hilário Moser. - Aparecida, SP : Editora Santuário, 2020.
        248 p. : il. ; 14cm x 21cm.

    Inclui índice.
    ISBN: 978-85-369-0616-4
    ISBN: 978-65-5527-066-2 (e-book)

    1. Cristianismo. 2. Santos. 3. Dom Bosco. I. Título.

2019-2028   CDD 240
                                                                                 CDU 24

Elaborado por Vagner Rodolfo da Silva - CRB-8/9410

                            Índice para catálogo sistemático:
                                  1. Cristianismo 240
                                  2. Cristianismo 24

5ª impressão

Todos os direitos reservados à **EDITORA SANTUÁRIO** – 2025

Rua Padre Claro Monteiro, 342 — 12570-045 — Aparecida-SP
Tel.: 12 3104-2000 — Televendas: 0800 0 16 00 04
www.editorasantuario.com.br
vendas@editorasantuario.com.br

ADVERTÊNCIA

Esta é a 2ª edição do *Dom Bosco. O Santo dos Jovens. Episódios & Pensamentos*. Ela vem enriquecida com cinco novos episódios e pensamentos (para totalizar o número 100) e algumas fotografias de Dom Bosco. Faço votos que o Santo dos Jovens continue a desempenhar seu papel de Pai e Mestre da Juventude, e seu método educativo ilumine a mente e aqueça o coração dos pais e educadores que lerem estas páginas; de fato, como dizia Dom Bosco: "A educação é coisa do coração".

D. H. M.

Fontes e Abreviaturas

MB *Memorie Biografiche di San Giovanni Bosco*, SEI, Turim 1898-1939.

MBp *Memórias Biográficas de São João Bosco*, Volumes I-IV, Edebê, Brasília 2018-2019.

Prefácio
da 1ª edição

Está em suas mãos, prezado leitor, mais um livro de Dom Hilário Moser. Se você é jovem vai vibrar, se você é adulto vai rejuvenescer. Com certeza, este livro vai marcar sua vida. Sabe por quê? É uma obra sobre Dom Bosco, o Santo dos Jovens, escrito por um autor mais que gabaritado e competente. É também um eco do Sínodo dos Jovens, realizado em Roma, e uma preciosa ajuda para a Pastoral da Juventude. Veio para somar.

Lendo este livro, você vai se encantar ainda mais com Dom Bosco, com a santidade de vida, com o carisma salesiano da alegria e da opção pelos jovens. Além disso, o livro chegou na hora certa, do jeito certo, porque não é fruto do acaso, nem de interesses pessoais, mas obra da Providência Divina. Ela tudo conduz e concede o que melhor nos convém.

Um livro, escrito com competência, sabedoria, experiência, estilo e arte, é mais do que um livro: torna-se um amigo, um conselheiro, um benfeitor, um anjo bom. São assim os livros de Dom Hilário, escritos com profundidade e simplicidade, ciência e espiritualidade, experiência e cordialidade, teologia e pastoralidade. Você vai gostar e divulgar esta obra. Quem sai ganhando é Jesus Cristo, a Igreja, a juventude e mesmo a sociedade. Enfim, os santos movem o mundo: que o digam Dom Bosco e o simpático carisma salesiano. Na verdade, a alegria é o 11º mandamento e o oitavo sacramento. Ainda jovem, Dom Bosco funda a "Sociedade da Alegria".

Deus é jovem, escreveu o papa Francisco. Todos os jovens estão no coração de Deus e, consequentemente, no coração da Igreja. Tenha certeza, caro leitor, que os jovens estão também no coração das páginas escritas por Dom Hilário. Também nossos papas São João Paulo II, São Paulo VI, Bento XVI e o papa Francisco sentiram em seu coração especial predileção pelos jovens, a exemplo de Jesus Cristo e de sua Mãe e nossa, Maria. Quantos santos e santas jovens a Igreja canonizou e com certeza canonizará.

Todos nós podemos dizer aos jovens: Vocês são um bem especial para a humanidade, uma riqueza singular, um belo horizonte. Jesus, a Igreja, o mundo precisam de vocês. Sim, precisamos de jovens profetas e de idosos sonhadores. Nosso dever é ouvi-los e aprender com vocês, queridos jovens.

Por fim, recordo a você, leitor, que Dom Hilário Moser é um salesiano fiel, alegre e feliz. Especializado em ciências teológicas, lecionou-as por longos anos. Autor de diversos livros, é também tradutor de vários volumes das "Memórias Biográficas de São João Bosco", 19 grossos volumes que narram a vida do Santo dos Jovens. Haja sabedoria, fidelidade, perseverança e paciência.

Sintamo-nos privilegiados, alegres e contemplados como leitores deste livro, no qual ressoa a voz do Evangelho, a voz da Igreja, a voz de Dom Bosco, a voz das Jornadas Mundiais da Juventude, a voz da Pastoral Juvenil e a voz dos próprios jovens.

Dom Orlando Brandes
Arcebispo de Aparecida

Apresentação da 1ª edição

Na festa de Dom Bosco do ano de 2019, durante fraterno e alegre almoço de comemoração, o caro amigo Dom Orlando Brandes, arcebispo de Aparecida, sugeriu-me, melhor, "ordenou-me" que escrevesse estas páginas. Elas apresentam:
- 12 palavras que sintetizam a vida do Santo dos jovens
- 100 episódios de sua vida longa e laboriosa
- 100 pensamentos com que iluminava o caminho dos seus

Os episódios são como pequenos vídeos que captam ao vivo São João Bosco, familiarmente conhecido como Dom Bosco, em meio a um turbilhão de iniciativas e atividades para o bem dos jovens e do povo.

Sua vida simpática, alegre e movimentada se parece com uma densa floresta: penetra-se nela e, de repente, nós nos vemos mergulhados em um mar de árvores de todo tamanho e qualidade, carregadas de flores e frutos, sem saber exatamente o que mais contemplar e admirar, tamanha a riqueza e a variedade que nos envolvem.

Na esperança de que estas páginas semeiem no coração dos leitores – de modo especial, no coração dos jovens – uma semente de bem, alegro-me pelo esforço e pelo trabalho que sua redação exigiu. É sempre assim na vida: ao cansaço do trabalho soma-se a alegria do resultado, particularmente, a alegria da esperança de que as sementes germinem, cresçam, floresçam e frutifiquem em cada coração.

Que Dom Bosco, do céu, sorria aos jovens e menos jovens leitores destas páginas.

Dom Hilário Moser, SDB
Bispo Emérito de Tubarão, SC

São Paulo, 16 de agosto de 2019
Aniversário do nascimento de Dom Bosco

Dom Bosco em 12 palavras

1. Uma mãe: A mãe de Dom Bosco chamava-se Margarida. Camponesa, muito pobre, viúva com três filhos. Era mulher sábia, firme, trabalhadora, amorosa, boa educadora, santa.

2. Um homem: João Bosco, o filho caçula. Forte, até fisicamente, muito inteligente, dotado de muitas qualidades, corajoso, decidido, equilibrado, cheio de bom senso. Um homem completo que, muitos diziam, se sairia bem em qualquer profissão.

3. Um carisma: Seu amor pelos jovens, de modo especial pelos jovens pobres e abandonados: *Basta que sejais jovens,* dizia Dom Bosco, *para que eu os ame de todo o coração.* Desde menino, Joãozinho Bosco reunia seus colegas para diverti-los, ensinar-lhes o catecismo e rezar. Repetia-lhes o que tinha ouvido na pregação na igreja.

4. Uma vocação: Ser padre. Em um sonho que ao longo da vida se repetiu muitas vezes, Jesus e Maria confiavam a João Bosco uma multidão de meninos briguentos e desordeiros, que ele deveria transformar em jovens educados e bons cristãos.

5. Uma missão: Sua primeira grande preocupação ao encontrar um jovem era ajudá-lo a salvar a própria alma (expressão comum naquele tempo). Queria fazer dos jovens *bons cristãos e honestos cidadãos* aqui na terra e felizes habitantes do céu. Ele escreveu: *Prometi a Deus que até meu último respiro seria pelo bem dos jovens.*

6. Uma pedagogia: Na educação dos jovens, nada de autoritarismo e de castigos. Pelo contrário, apelava sempre para a razão, para o diálogo; para a religião; para a bondade, a mansidão, a paciência. Tomou como padroeiro São Francisco de Sales, o santo da mansidão e do ardor apostólico. Por isso deu o nome de *Salesianos* aos membros de sua Congregação.

7. Um espírito: Espírito de família, de alegria, de comunhão, de doação para servir aos outros. De fato, em Turim, Itália, onde Dom Bosco começou sua obra, chegava a reunir aos domingos 700-800 rapazes: era uma festa, apesar da grande pobreza! Ele amava a música, o canto, o teatro, e os jovens se sentiam felizes ali, ao passo que, fora dali, muitos deviam viver nas ruas.

8. Uma espiritualidade: Espiritualidade é o relacionamento com Deus e com os irmãos de acordo com o Evangelho. Tem como base a fé, a oração, a união com

Deus, que depois se desdobra em serviço aos outros. De modo especial, Dom Bosco dava grandíssima importância à Confissão, à Eucaristia e à devoção a Maria Santíssima, que ele invocava como Auxiliadora dos Cristãos.

9. Um ardor apostólico: "Salvar almas" era o pensamento que dominava Dom Bosco dia e noite. Se dependesse dele, teria gostado de evangelizar o mundo inteiro. Por isso, apenas pôde dispor de padres, irmãos salesianos e irmãs, enviou-os como missionários à Patagônia, no Sul da Argentina. Até o fim da vida, foram 13 as expedições missionárias encaminhadas para a Argentina.

10. Uma família: A Família Salesiana, que congrega Salesianos, Filhas de Maria Auxiliadora (Irmãs Salesianas), Salesianos Cooperadores (leigos e leigas que amam os jovens e trabalham por eles com o espírito de Dom Bosco) e mais de 30 grupos que surgiram depois de sua morte, vivendo seu espírito e aplicando sua pedagogia.

11. Uma Mãe celestial: Nossa Senhora Auxiliadora dos Cristãos. Eram tempos difíceis para a Igreja e para o Papa, Dom Bosco dizia que Maria queria ser invocada sob esse título, que é um título sumamente eclesial. Em nome da Auxiliadora, ele operava milagres e repetia: *Foi Ela quem tudo fez.*

12. Uma esperança: Ao morrer, Dom Bosco disse aos Salesianos que o rodeavam: *Digam aos meus jovens que os espero a todos no paraíso.* A meta que ele sempre teve em mente não foi outra senão a felicidade do céu para seus meninos e jovens. Seu primeiro sucessor, o beato padre Miguel Rua, afirmou: *Dom Bosco não deu passo, não pronunciou palavra, nada empreendeu que não visasse à salvação da juventude... realmente ele tinha a peito tão somente as almas.*

1
QUE PRESENTÃO!

Certa vez, Dom Bosco estava no pátio rodeado de meninos. Um deles, da segunda série do ensino fundamental, garoto esperto e brincalhão, mas correto, devagarinho se afastou do grupo, começou a caminhar de cá para lá, pensativo: matutava alguma coisa na cabeça. Dom Bosco percebeu e intuiu que o rapaz queria falar-lhe. Deixou o grupo que o rodeava, chamou o menino e lhe perguntou: – Você está querendo me dizer alguma coisa, não é?

– Sim, o senhor adivinhou.
– O que você quer me dizer?
– Mas... eu não gostaria que os outros escutassem.

Dizendo assim, puxou Dom Bosco pela manga da batina, levou-o para um canto do pórtico e lhe soprou ao ouvido: – Eu gostaria de lhe dar um presente.

– Que presente você quer me dar?

– Este aqui!

E dizendo isso, o menino se levantou na ponta dos pés, todo sério, abriu os braços e falou:

– Eu gostaria de lhe dar de presente *a mim mesmo*, para que, de agora em diante, faça de mim o que quiser e eu fique sempre com o senhor!

Dom Bosco arregalou os olhos, sorriu e respondeu:

– Verdade?! Você não podia me dar um presente melhor! Aceito, sim! Não para mim, mas para oferecer a Deus!

O rapaz se chamava Francisco Picollo: fez-se salesiano e padre; juntou-se a Dom Bosco e trabalhou com ele para fazer dos jovens honestos cidadãos e bons cristãos, como o Santo repetia.

Naquele tempo era comum Dom Bosco perguntar a este ou àquele jovem:

– Você gostaria de ficar com Dom Bosco?

"Ficar com Dom Bosco" significava fazer-se salesiano e dedicar a própria vida ao bem dos jovens pobres e abandonados.

MB X, 100-101.

O diabo tem medo de gente alegre.

2

UMA GALINHA NÃO É O DIABO!

Desde menino, Joãozinho Bosco foi acostumado a não ter medo e a manter o sangue frio. Sua mãe – Mamãe Margarida – teve o cuidado de criar seus filhos para serem corajosos.

Em umas férias escolares, Joãozinho foi até a casa da avó materna, onde Margarida costumava passar alguns dias para ajudar na colheita das uvas. A casa estava repleta de parentes e o netinho foi acolhido com grande alegria.

Chegou a noite, preparava-se o jantar, e alguém começou a contar que às vezes no sótão se ouviam rumores estranhos, amedrontadores. Todos concordavam em afirmar que só o diabo podia incomodar daquele jeito.

Escurece, acendem-se as lamparinas. O sótão servia como depósito de grãos e de outras tranqueiras. Em certo momento, ouve-se o barulho como de um corpo caindo, depois um rumor surdo e lento que se arrasta de cá para lá... Todos se calam, faz-se pesado silêncio. De repente, de novo um barulho assustador. Todos se entreolham e se perguntam: – O que será?

Joãozinho se levanta, dizendo:
– Quero ver o que está acontecendo. Por acaso a porta de casa ficou aberta?
– Não, está fechada a chave.

Acendeu uma lamparina e, decidido, subiu a escada de madeira que levava ao sótão. Os outros vinham atrás, com medo e falando baixinho. João empurrou a porta do sótão, entrou, e levantando a lamparina, olhou para os lados. Não se via ninguém. Tudo era silêncio.

Os parentes ficaram parados perto da porta. De repente, todos gritam e fogem. Estava acontecendo um fato estranho: uma peneira se movia e corria de cá para lá!

João não duvidou: correu atrás da peneira, pôs as mãos sobre ela, agarrou com força e depois a levantou. Nessa hora, uma estrondosa gargalhada ressoou por toda a casa: debaixo da peneira havia uma galinha!

O que tinha acontecido? A peneira estava encostada à parede. Como ali havia grãos de trigo, a galinha entrou para comê-los, e a peneira acabou caindo sobre ela. O pobre animal, assustado, corria de cá para lá, tentando livrar-se daquela prisão... O silêncio da noite, o sótão de madeira e o medo fizeram parecer aquele barulho infernal...

Ao pânico sucedeu uma alegria explosiva. Margarida apanhou a galinha e disse:
– Você não nos assustará mais! E logo lhe torceu o pescoço. Depenada, foi direto para a panela.

Com água na boca, todos comentavam, dando risadas: – Agora o diabo está na panela!

Naquela noite foi servido um saboroso jantar. Graças à coragem de Joãozinho Bosco!
Quantas vezes precisou dela em sua vida...

MBp I, 83-84.

*Nada te perturbe:
quem tem Deus tem tudo.*

3

OS NÚMEROS DA LOTERIA

Em 1862, dois homens, sabendo que Dom Bosco tinha o dom de prever os acontecimentos, lhe pediram que dissesse em que números deveriam jogar para ganhar na loteria.

Dom Bosco pensou: "Que pedido mais estranho!"

Tentou dissuadi-los; usou diversos argumentos, mas tudo foi inútil.

Os homens insistiam: – Não é isso o que queremos! Diga somente os números em que devemos jogar para que a gente ganhe na loteria!...

– Tudo bem. Então anotem aí: 5, 10, 14.

Os dois homens agradeceram e saíram correndo para a lotérica... mas Dom Bosco os chamou de volta e lhes disse: – Esperem! Um momento! Deixem-me dar-lhes a explicação.

– Não é preciso nenhuma explicação!

– É preciso, sim! Do contrário, vocês não poderão jogar.

– Tudo bem. Então, diga!

– Escutem: o número 5 são os cinco mandamentos da Igreja; o número 10 são os dez mandamentos da lei de Deus; o número 14 são as 14 obras de misericórdia (espirituais e temporais). Joguem nesses números e vocês ganharão um prêmio infinito...

Em outra ocasião Dom Bosco forneceu os números 4 e 2. Em seguida explicou que o número 4 eram os quatro novíssimos (morte, juízo, inferno e paraíso) e o número 2, os dois Sacramentos da Confissão e da Comunhão.

Dom Bosco gostava de aprontar brincadeiras assim, mas que iam direto à alma...

MB VII, 24.

Faça de tal modo que todas as pessoas com quem você falar se tornem seus amigos.

4

POBRE DOM BOSCO!

No fim de uma tarde de 1853, Dom Bosco voltou para casa todo encharcado. Uma chuva torrencial o pegou desprevenido... Estava ensopado da cabeça aos pés.

Subiu ao quarto, mas... como trocar de roupa se ele tinha dado tudo aos outros?

Começou a se inquietar porque seus rapazes o esperavam na igreja para uma celebração em honra de Nossa Senhora das Dores, e ele não queria faltar.

Por acaso bateu os olhos em um capote comprido e em uma calça branca, doação de um benfeitor para algum jovem...

Dom Bosco não duvidou: vestiu a calça, pôs o capote no lugar da batina, enfiou os pés em um par de tamancos e foi para a igreja. Estava escuro, mas os meninos logo notaram aquele "modelito" estranho: sorriam e se entreolhavam, compreendendo até que ponto Dom Bosco tinha renunciado a tudo para o bem deles.

No mês de maio de outro ano foi novamente surpreendido na rua por um aguaceiro. Não dispondo de outra roupa, Dom Bosco desceu para a igreja vestindo um velho capote que recebera de um padre amigo. Enquanto ele pregava postado sobre os degraus do altar, os meninos observaram que suas meias estavam remendadas...

Dom Bosco era pobre de verdade!

MB V, 679.

*Procure fazer-se amar
mais do que se fazer temer.*

5

AS LAGARTAS NA HORTA

Uma senhora idosa procurou Dom Bosco, muito preocupada. Ela tinha motivos para se incomodar: sua horta, próxima a um pequeno terreno baldio do Oratório de São Francisco de Sales, estava sendo literalmente "devorada" pelas lagartas.

Dom Bosco lhe perguntou: – O que a senhora quer que eu faça?

– Quero que mande embora as lagartas que estão acabando com a minha horta. Dê uma bênção para que elas morram!

Dom Bosco sorriu e respondeu: – Por que matar aqueles animaizinhos?... Eu darei a bênção e mandarei as lagartas para onde não poderão prejudicar ninguém.

No dia seguinte, alguém entrou por acaso no terreno baldio, que era cercado por um muro de três metros de altura... As lagartas estavam todas lá, imóveis, grudadas ao muro, sobre tábuas, tijolos e pedras amontoadas ali;

ao passo que na horta da senhora idosa não havia uma sequer.

Não sabemos o que mais admirar: se a eficácia da bênção de Dom Bosco ou seu respeito pela "ecologia"... cuja palavra e realidade ainda estavam longe de existir: talvez as duas coisas.

MB VI, 234.

> *O meu sistema educativo se apoia todo na razão, na religião e na bondade.*

6

DOM BOSCO NÃO ALMOÇA HOJE...

Corria o ano de 1859. Chega a hora do almoço, Dom Bosco vai ao refeitório, mas não toma lugar à mesa: chapéu na mão, está de saída...
– Aonde vai, Dom Bosco? Não almoça com a gente?
– Não posso, vou ter que ir à cidade. Mas, quando vocês saírem do refeitório, peço que, de agora até às 15 horas, haja sempre algum de vocês (salesianos) ou dos nossos melhores rapazes a rezar fervorosamente diante do Santíssimo Sacramento.
E lá se foi ele sem rumo definido. Passou em frente ao santuário da *Consolata* (Nossa Senhora da Consolação), padroeira de Turim, entrou e pediu que Ela o consolasse..., porque a dívida a pagar era muito grande.
Saiu da igreja confiante. Caminhou pela cidade sem rumo por mais de uma hora, até que, em uma ruazinha perto da igreja de Santo Tomás, um homem o parou e lhe perguntou: – Se não erro, o senhor é Dom Bosco! Pois era

precisamente o senhor que eu procurava; assim me poupa uma caminhada até o Oratório: meu patrão me pediu para lhe entregar este envelope!

Dom Bosco abriu e... lá estavam as 10.000 liras que ele devia pagar ao editor Paravia: do contrário...

A confiança na Providência de Deus nunca se apagou no coração de Dom Bosco, desde que, quando criança, a aprendeu de sua mãe, a Mamãe Margarida.

MB VI, 175.

*O amor faz suportar o cansaço,
os aborrecimentos,
as ingratidões, as faltas,
as negligências.*

7

VOCÊ É AMIGO DE DOM BOSCO?

Eusébio Calvi era um rapaz acolhido como interno no Oratório de São Francisco de Sales. A família não tinha mais como pagar a modesta pensão. O ecônomo, incomodado, escreveu aos pais dizendo que, se não pagassem, teriam que vir buscar o filho.

Ora, um dia, Dom Bosco se encontrou com Eusébio e, vendo-o triste e abatido, perguntou-lhe: – O que você tem, Eusébio?

– Ah! Dom Bosco,... meus pais não podem mais pagar a pensão e o ecônomo lhes escreveu uma carta...

– E daí?

– É que sou obrigado a interromper os estudos.

– Você é amigo de Dom Bosco?

– Sim, claro!

– Então é fácil darmos um jeito: escreva a seu pai que pelo tempo passado não se preocupe, e pelo tempo futuro, pague só o que puder.

– Mas meu pai não vai aceitar essa condição: ele gostaria de pagar uma quantia certa...
– Quanto você pagava por mês?
– 12 liras.
– Muito bem, então escreva a seu pai que pague somente cinco; e que ele só pague se puder...

Eusébio não se conteve, chorou de emoção; continuou seus estudos e se fez salesiano.

Quem não gostaria de conviver com um pai como Dom Bosco?

MB X, 1012-1013.

A caridade suporta tudo; por isso, nunca terá verdadeira caridade quem não quiser suportar os defeitos dos outros.

8

PERDI OS MEUS PECADOS...

Um rapaz queria fazer sua Confissão geral com a maior precisão possível e resolveu escrever os seus pecados. Depois, sem perceber, perdeu o caderninho com as anotações. Procura nos bolsos, procura de cá e de lá, mas o caderninho tinha sumido. Ficou desolado e as lágrimas rebentaram, escorrendo pela face.

Por sorte, o caderninho foi encontrado por Dom Bosco. Vendo o menino soluçar, alguns colegas, depois de perguntar inutilmente que dissesse por que chorava, levaram-no a Dom Bosco: – O que está acontecendo, Tiago? Sente-se mal? Está aborrecido? Alguém bateu em você?

O menino, enxugando as lágrimas, criou coragem e disse: – Perdi os meus pecados!

Ouvindo isso, os colegas deram risada. Mas Dom Bosco, que logo ligou as coisas, respondeu, brincando:

– Feliz de você se perdeu os pecados; mais feliz ainda se não os encontrar mais; pois, sem pecados, você irá direitinho para o céu.

Mas o rapaz, pensando não ter sido compreendido, insistiu: – Perdi o caderninho onde eu escrevi meus pecados.

Então, Dom Bosco, tirou do bolso o tal caderninho e lhe disse: – Fique tranquilo. Seus pecados caíram em boas mãos; estão aqui.

O pobrezinho parou de chorar, enxugou as lágrimas, sorriu e disse: – Se eu tivesse sabido que o senhor tinha encontrado meus pecados, em vez de chorar, teria ficado contente; e essa noite, na Confissão, só diria: – Padre, eu me acuso de todos os pecados que o senhor encontrou e que estão aí no seu bolso!

Nada escapava ao olhar atento de Dom Bosco... nem mesmo os pecados perdidos...

MBp III, 331-332.

Para fazer o bem é preciso ter um pouco de coragem.

9

VOCÊ VAI SER PADRE!...

O cônego José Giubergia, reitor do Seminário de Mondovì, quando jovem, atraído pela fama de "santo" que todos alardeavam, foi visitar Dom Bosco. Este, logo que viu o rapaz, sorrindo, lhe disse: – Você vai ser padre!...

De fato, em 1875, decidiu vestir a batina, talvez, ou sem talvez, como ele mesmo confessava, por causa das palavras de Dom Bosco, e foi bater à porta do Seminário Diocesano de Turim. Na véspera de entrar para o Seminário, ao entardecer, quis visitar Dom Bosco ainda uma vez. Embora já tivessem passado dois anos, o Santo o reconheceu logo e acolheu com estas palavras: – Você veio para vestir a batina?

– Sim, respondeu o rapaz, mas irei para o Seminário da Diocese.

– Não faz mal, mas você vai ser padre!

Dom Bosco quis que se hospedasse no Oratório. O rapaz jantou no refeitório dos salesianos ao lado de Dom

Bosco, que o servia e lhe dizia: – Coma, coma... porque você é jovem... e terá que trabalhar muito.

    Depois do jantar, acompanhou Dom Bosco até o pátio e ouviu as palavras que ele dirigiu aos jovens, após as orações da noite. Por fim, foi com ele até a escada que levava ao seu quarto. Despediu-se e se refugiou na igreja: ali não parava de chorar de emoção. No dia seguinte, sem a menor dúvida no coração, tomou o rumo do Seminário.

MB X, 1215.

*O caminho da cruz
é o que conduz a Deus.*

10

O DINHEIRO QUE TEM NO BOLSO...

Dom Bosco era pobre, paupérrimo até, mas sua confiança na Providência do Pai não tinha limites. Por isso, às vezes, ele era até ousado quando as necessidades materiais o desafiavam.

Um jovem conde esbanjou sua fortuna no jogo e agora estava de bolsos vazios... Horrorizado com a perspectiva de ter que decretar falência, recorreu a um marquês, pedindo socorro. O generoso senhor emprestou-lhe uma soma considerável. O jovem, porém, sumiu com ela sem deixar marca de suas pegadas e sem esperança de restituir o empréstimo.

Passaram-se alguns anos, quando, de repente, o marquês esbarra com o jovem devedor. A dura experiência da vida, tinha transformado aquele homem em uma pessoa séria, trabalhadora, a ponto de reconstituir o seu patrimônio. Tinha vindo a Turim expressamente para devolver o dinheiro tomado emprestado.

Acertadas as contas, com o dinheiro no bolso, o marquês quis visitar Dom Bosco, de quem era grande amigo. Antes, porém, que o marquês abrisse a boca para perguntar-lhe como estava, Dom Bosco lhe diz abruptamente: – Eu estava esperando precisamente o senhor! Preciso que me dê o dinheiro que tem no bolso!

O marquês, boquiaberto, exclamou: – Como sabe? É dinheiro que acabo de receber da forma mais inesperada... O senhor, por acaso, conhece o jovem conde B.?

Dom Bosco respondeu: – Não sei, mas o fato é que o senhor tem no bolso a quantia exata de que preciso para pagar uma dívida urgente; na semana que vem lhe devolvo tudo!

Dom Bosco lhe deu um recibo e na semana seguinte devolveu o dinheiro pontualmente.

MB XVII, 654.

*A bondade no falar,
no agir, no avisar,
conquista tudo e todos.*

11

O PADRE DA POLENTA

Um dia, apresentou-se a Dom Bosco um homem para pedir-lhe esmola. Dizia que tinha quatro ou cinco filhos, para os quais, no dia anterior, não tinha podido dar de comer... e os meninos choravam de fome...

Dom Bosco se comoveu diante de tanta miséria, procurou nos bolsos da batina, finalmente encontrou algumas moedas, deu-as ao homem, junto com a sua bênção.

Dom Bosco leu no coração daquele homem e viu que era sincero; até lhe teria dado cem liras, mas não tinha. De fato, tratava-se de pessoa trabalhadora, muito afeiçoada à família: a desventura o reduzira à miséria.

Algum tempo depois, alguém do Oratório, por acaso, encontrou-se em Turim com o homem a quem Dom Bosco dera algumas moedas. Perguntou-lhe o que tinha feito com o dinheiro. Respondeu: – Comprei farinha para fazer uma polenta.

E contou que todos tinham comido à vontade. Mais: que depois da bênção de Dom Bosco seus negócios melhoraram a ponto de permitir-lhe levar uma vida de certo bem-estar.

E acrescentou: – Lá em casa, Dom Bosco é conhecido como o *Padre da polenta*. De fato, com as moedas que ele me deu teria dado para alimentar somente duas pessoas, ao passo que foram sete as que a comeram à vontade, e ainda sobrou.

A bênção de Dom Bosco! Não havia dinheiro que valesse mais do que ela...

MBp III, 390-392.

A educação é coisa do coração.

12

OS TAMANCOS...

Um dia, Dom Bosco pediu a um clérigo que fosse cumprir uma importante incumbência na cidade. Os sapatos do rapaz estavam na miséria... Dom Bosco, então, não duvidou: tirou os próprios sapatos e deu para o clérigo calçar; e lá se foi ele, todo contente, cumprir o encargo recebido.

Enquanto isso, Dom Bosco mandou ver quem poderia emprestar-lhe os sapatos. Como todo mundo tinha só um par de sapatos, não havia ninguém que pudesse emprestar... Todavia, de tanto procurar, encontrou-se um par de tamancos. Como era verão, Dom Bosco enfiou os tamancos nos pés, sem problemas. À hora do almoço, os meninos corriam para ver quem fazia aquele barulho estranho, ritmado, ao descer as escadas; e se divertiram um bocado ao ver Dom Bosco de tamancos...

Entretanto, no meio da tarde chegou um mensageiro por parte do conde Giriodi chamando Dom Bosco para atender um doente grave em sua casa. Queria usar uma condução, para que ninguém percebesse que estava de tamancos... Mas, naqueles tempos, as conduções eram poucas, estacionavam no centro da cidade, sem dizer que eram caras. E precisava ir logo.

Dom Bosco não teve opção: foi a pé, em companhia do mensageiro, passando pela Rua Garibaldi, depois pela Praça Castelo, esgueirando-se ao longo dos muros das casas e curvando-se para frente, de tal modo que a batina lhe cobrisse os pés...

Na volta, o próprio conde quis acompanhá-lo. Chegando à Rua Tribunal de Apelação, o conde o levou até uma benfeitora que tinha uma loja de sapatos. A mulher arregalou os olhos ao ver Dom Bosco de tamancos, procurou um bom par de sapatos e o ajudou a calçá-los. Os tamancos, porém, ela os conservou como preciosa relíquia e recordação do episódio.

A pobreza de Dom Bosco não era só de palavras...

MB V, 679.

Por que se pretende substituir ao amor a frieza de um regulamento?

13

CONFESSAR-SE COM DOM BOSCO

Ao advertir e aconselhar, Dom Bosco o fazia da forma mais oportuna, e era muito breve na Confissão. Uma vez, as Clarissas de Alassio, ouvindo falar da sua santidade, quiseram confessar-se com ele. Tratava-se de religiosas boas e esforçadas, que na vida humilde e escondida só queriam crescer no amor de Deus.

Indo a Alassio, Dom Bosco soube do seu desejo, e benevolamente aceitou, mas com uma condição, que ao confessar-se, nenhuma passasse dos três minutos. As monjas concordaram, e ele, obtida a autorização do bispo de Albenga, foi confessá-las. Evidentemente, a situação não era fácil: escrúpulos e angústias de espírito se encontram também entre as almas dos claustros.

Ao atender a primeira, passados três minutos, logo que ele disse *Basta!*, a monja se calou. Assim fizeram também a segunda, a terceira, e todas elas, até a última. Houve, porém, uma que ao ouvir aquele *Basta!* insistia com um *mas*... logo, porém, também se calou.

Como era de se esperar, também nessa circunstância ele lia claramente nas consciências, e com sua palavra as monjas ficavam tranquilas. Assim, todas ficaram santamente satisfeitas e contentes.

Nas viagens daqueles anos a Roma, o papa Pio IX, uma vez, lhe perguntou: – O senhor confessa também em Roma?

– Se Vossa Santidade me der autorização, confessarei.

– Muito bem, então confesse também a mim.

E Pio IX se pôs de joelhos e se confessou. Assim fez diversas vezes.

Alguns anos depois, Dom Bosco narrou o fato de forma confidencial ao seu secretário, ressaltando a instituição divina do Sacramento, de modo que também o Papa se confessa como qualquer cristão.

MB X, 12.

A sabedoria é a arte de governar a própria vontade.

14

PONTAPÉS EM DOM BOSCO?

Dom Bosco voltava de Florença. Tomou assento em uma repartição do trem onde havia diversas pessoas que discutiam calorosamente; suas opiniões não eram concordes e cada qual defendia a própria posição. O líder do grupo era um senhor de aspecto nobre, de fala fácil, que aos poucos conseguiu levar a conversa sobre a educação da juventude. Em particular, mostrava-se revoltado contra a ingerência clerical, dizia ele, na formação dos jovens, reivindicando para o Estado todo direito e poder a respeito.

Levantando a voz como quem pontifica, dizia: – Está na hora de dar cabo às batinas pretas. O governo deveria pôr as mãos sobre aquele covil de pequenos jesuítas que é o Oratório de Dom Bosco em Turim, tomá-lo a pontapés, a ele e aos que são como ele, destinando os ambientes a um regimento da cavalaria!

Passaram-se alguns meses e em Roma foi feita uma licitação para realizar importantes construções. Aquele senhor, que era empresário, interessado naquele tipo de trabalho, procurou pessoas que pudessem recomendá-lo. Por conselho de um amigo, foi ter com Dom Bosco, pedindo-lhe uma recomendação para o cardeal Antonelli, secretário de Estado do papa Pio IX.

Dom Bosco o atendeu na hora.

Antes de se despedir, o homem perguntou a Dom Bosco:

— Precisa de alguma coisa em Roma?

Dom Bosco respondeu: — Para dizer a verdade, sim. Eu gostaria que quando o senhor estiver em Roma na presença do cardeal Antonelli não diga também a ele que Dom Bosco deveria ser tomado a pontapés junto com os seus jovens... porque isso não fica bem...

Ouvindo essas palavras, o engenheiro lembrou-se da viagem de trem, corou e, espantado, acabou pedindo sinceras desculpas. E, por incrível que pareça, tornou-se admirador e benfeitor da Obra de Dom Bosco.

MB VIII, 263.

Não creio que seja bonita uma festa sem Confissão e Comunhão.

15

CONFISSÃO INVOLUNTÁRIA...

No dia 4 de setembro de 1868, Dom Bosco contou aos seus jovens que, alguns dias antes, tinha ido ao hospital visitar uma senhora gravemente doente que não queria absolutamente se confessar. Aumentava continuamente o perigo de morte e, por isso, houve quem lhe propusesse chamar Dom Bosco. Mas ela respondeu:
– Venha quem quiser; eu não vou me confessar!

Dom Bosco foi até o hospital e alguém anunciou à enferma: – Dom Bosco está aí!

Ela respondeu: – Quando eu estiver curada, irei me confessar.

– Dom Bosco vai curá-la!

– Está bem; que então me cure, e eu me confessarei.

Dom Bosco pegou uma medalha de Maria Auxiliadora com um cordãozinho e ofereceu à mulher; ela tomou em suas mãos, beijou e pôs no pescoço.

Os que estavam no quarto choravam de comoção...

Dom Bosco pediu-lhes que saíssem; fez o sinal da cruz, a mulher também fez; perguntou-lhe se fazia tempo que não se confessava... O fato é que a mulher acabou fazendo toda a sua Confissão.

No fim, admirada, perguntou: – O que aconteceu? Eu me confessei, ao passo que até há pouco eu não queria em absoluto!

Dom Bosco a sossegou, dizendo: – Também eu não sei; foi Nossa Senhora quem a curou e quer que a senhora se salve.

E a mulher voltou a viver cristãmente.

Na sua primeira missa, Dom Bosco tinha pedido a Deus a graça da eficácia da palavra... Sua palavra era carregada de uma força fora do comum.

MB IX, 338.

*Um só é o meu desejo:
ver vocês felizes no tempo
e na eternidade.*

16

EU VIA OS PECADOS...

Em abril de 1864, havia no Oratório um jovem que não queria saber de Sacramentos, de ir à missa e que estava ali a contragosto.

Finalmente, um dia, Dom Bosco conseguiu chamá-lo à parte e lhe disse: – Como é que diante de você há sempre um cão raivoso, que mostra os dentes e quer lhe morder?...

– Eu não o vejo, retrucou o rapaz.

– Mas eu o vejo muito bem. Diga-me, como está sua consciência?

O rapaz abaixou a cabeça e Dom Bosco acrescentou:

– Coragem; venha e colocaremos tudo em ordem.

O rapaz se confessou e se tornou amigo de Dom Bosco; distinguiu-se entre os colegas pelo bom cumprimento de suas obrigações.

Em outra ocasião, terminado o retiro espiritual, falando aos seus rapazes, Dom Bosco se queixou de que alguns deles não tinham tirado proveito para a própria vida. E acrescentou: – Nesses dias, eu via tão nitidamente os pecados de cada um de vocês como se estivessem escritos diante dos meus olhos. Foi uma graça singular que Deus me concedeu para o seu bem. Agora, alguns que não quiseram se confessar me perguntam se não vejo mais os pecados como antes. Claro que não! Agora não disponho mais da graça daqueles dias.

Apesar dessa afirmação, era comum Dom Bosco ler os pecados dos seus penitentes, como o demonstram inúmeros episódios.

MB VII, 649.

O trabalho é uma arma poderosa contra os inimigos da alma.

17

TESOURO DIVIDIDO AO MEIO

Um dia, um jovem operário que frequentava o Oratório foi visitar Dom Bosco. Este o recebeu no seu aposento. Depois de conversar sobre muitos assuntos, o homem falou de seus problemas financeiros, dizendo que não tinha dinheiro e que estava carregado de dívidas. E com aquela confiança respeitosa que Dom Bosco concedia a todos, começou a dizer que Dom Bosco era avaro, que escondia o dinheiro no cofre (que Dom Bosco não tinha) para se enriquecer e depois adorar o seu dinheiro.... e outras coisas mais.

Dom Bosco deixou que falasse e, em seguida, o convidou a revistar seu aposento. Após minuciosa busca em todos os cantos, particularmente na sua mesinha de trabalho – único móvel do quarto – finalmente o tesouro foi encontrado: eram 40 centavos!

Dom Bosco então, sorrindo, dividiu o "tesouro" pela metade: 20 centavos para si, 20 centavos para o visitante desconfiado...

Brincadeira de um santo homem que, por mais dinheiro que passasse por suas mãos, nunca tinha o suficiente para saciar as centenas de bocas dos rapazes acolhidos no Oratório. Dar esmolas a Dom Bosco era como colocá-las em um saco sem fundo: nunca eram suficientes para fazer a caridade a todos os que delas necessitavam. Ele, porém, nasceu, viveu e morreu realmente pobre de tudo.

MB V, 673.

*Trabalhe para Deus:
o paraíso paga tudo.*

18

FRADE?

Perto da festa da Páscoa de 1834, João Bosco se encontrava em pleno discernimento vocacional. Em vez de ir para o Seminário Diocesano decidiu pedir para ser aceito entre os Frades Franciscanos Reformados e entrar para o convento de Santa Maria dos Anjos, em Chieri. Foi até lá, apresentou-se, submeteu-se ao exame da vocação por parte dos frades e em meados de abril foi aceito. João Bosco iria ser frade franciscano! Mas...

Poucos dias antes de ir para o convento, teve um sonho muito estranho. Pareceu-lhe ver uma multidão de frades, com os hábitos rasgados e correndo em sentido oposto uns dos outros. Um deles veio dizer-lhe: – Você procura a paz e aqui paz não encontrará. Deus lhe prepara outro lugar, outra messe.

João Bosco queria fazer alguma pergunta àquele religioso, mas um rumor qualquer o acordou e não viu mais nada. Expôs tudo ao seu diretor espiritual, que não quis ouvir falar de sonhos, nem de frades, e lhe disse: – Neste assunto é preciso que cada um siga as suas propensões e não os conselhos dos outros.

João Bosco ficou perplexo. Não vendo, porém, motivo para desistir da decisão tomada, pensou que durante o ano de noviciado podia fazer uma experiência e ver se convinha ou não entrar para aquela Ordem.

Conversando, porém, com diversas pessoas a respeito da sua decisão, houve quem o aconselhasse a consultar o padre José Cafasso – São José Cafasso!

Apresentou-se a ele, expôs-lhe sua situação e decisão, e lhe pediu um conselho. O padre Cafasso disse-lhe: – Não, frade não! Vá em frente tranquilamente com seus estudos, entre para o Seminário e siga o que a Divina Providência lhe preparar.

José Cafasso, de um só olhar, tinha compreendido toda a missão reservada para João Bosco.

Hoje, na igreja de São Francisco de Assis em Turim, à esquerda de quem entra pela porta principal, vê-se o confessionário onde se deu o colóquio entre João Bosco e o padre Cafasso: um medalhão retrata o ato de João Bosco se confessar com o padre Cafasso.

Um Santo encaminhando outro Santo pelos caminhos de Deus!

MBp I, 242-243.

O mundo é mau pagador, ele paga sempre com a ingratidão.

19

QUE CHUVA!

Por ocasião da festa da Assunção de Nossa Senhora de 1864, Dom Bosco foi convidado a pregar o tríduo de preparação em Montemagno, localidade perto de Asti. Toda a região passava por uma seca abrasadora; os camponeses olhavam para o céu de chumbo, enxugavam o suor, mas a água benfazeja não vinha.

Na primeira pregação, Dom Bosco disse ao povo: – Se vocês vierem à pregação nesses três dias, se buscarem reconciliar-se com Deus mediante uma boa Confissão, eu lhes prometo, em nome de Nossa Senhora, chuva abundante.

Suas palavras produziram um bom efeito: houve grande frequência de fiéis, muitas Confissões, Comunhão geral.

No dia da Assunção, o céu parecia de aço. Dom Bosco estava na casa do marquês Fassati, preocupado. Os sinos da igreja, repleta de gente, anunciaram as Vésperas, os cantos começaram. Dom Bosco, apoiado à janela da casa do marquês, olhava para o céu que parecia inexorável. Chamou o sacristão: – João, vá atrás do castelo e veja se há algum indício de chuva.

João correu para lá, mas voltou de cabeça baixa e disse: – O céu está límpido como um espelho; há somente uma pequeníssima nuvem, quase do tamanho de um sapato, lá pelos lados de Biella.

Dom Bosco, confiante, subiu ao púlpito. Ditas as primeiras palavras, o estrondo de um trovão fez estremecer os fiéis, e uma chuva torrencial começou a bater com força nos vidros das janelas.

O Santo tinha dado a sua palavra, e Nossa Senhora não iria desautorizar seu Servo bom e fiel.

MB VII, 725.

Não lhes recomendo penitências e disciplinas, mas trabalho, trabalho, trabalho.

20

FALTAM HÓSTIAS

O Oratório de Valdocco celebrava uma de suas festas mais solenes. Centenas de jovens queriam comungar. Dom Bosco celebrava a missa, certo de que no sacrário havia hóstias suficientes para todo aquele mundo de jovens. Mas não era assim! No momento da Comunhão, ele abre o sacrário e constata que não havia hóstias consagradas para todos, pois o sacristão se esquecera de pôr hóstias a consagrar sobre o altar... Como fazer?!...

Apesar disso, Dom Bosco eleva os olhos para o céu e começa a distribuir as poucas partículas que havia no cibório. Para maravilha do sacristão, Dom Bosco continua a dar a Comunhão, sem parar... Comungaram 650 rapazes que participavam da missa, sem que as hóstias viessem a faltar! As hóstias consagradas multiplicavam-se nas mãos de Dom Bosco.

Terminada a celebração, o sacristão José Buzzetti, fora de si de alegria, não parava de contar a todos o milagre da multiplicação das hóstias consagradas, mostrando o cibório repleto de hóstias esquecido na sacristia.

Alguns anos mais tarde, no dia 18 de outubro de 1863, o próprio Dom Bosco confirmou o episódio. Interrogado a respeito da veracidade do que Buzzetti testemunhava, Dom Bosco ficou sério e respondeu:
– Sim, havia poucas partículas no cibório e eu pude dar a Comunhão a todos que se aproximaram para recebê-la, e as hóstias não faltaram. Jesus quis mostrar quanto lhe apraz a Comunhão bem feita e frequente.
– E o que o senhor sentiu naquele momento?
– Eu estava comovido, mas tranquilo. Pensei: milagre maior que a multiplicação das hóstias é o da consagração. Que por tudo seja Deus bendito!
E não foi a única vez!

MBp III, 350-351.

Basta que um jovem entre em uma casa salesiana para que Nossa Senhora o tome logo sob a sua especial proteção.

21

DÍVIDAS...

Estamos no início de 1858. Dom Bosco está endividado até o pescoço; dia 20 de janeiro vence uma vultosa cobrança. O credor esperou por um bom tempo, mas agora, impaciente, não quer mais conversa: quer ver o dinheiro na mão! Já era o dia 12 e não se tinha uma lira...

Nesses apuros, Dom Bosco diz aos seus rapazes:

– Hoje, preciso de uma graça especial: eu irei à cidade, enquanto isso vocês se revezem por turnos a rezar na igreja, com fé!

E assim fez. Dom Bosco caminhava pelas ruas de Turim, de cá para lá, quando de repente se apresenta um desconhecido que, depois de cumprimentá-lo, lhe pergunta: – Dom Bosco, é verdade que precisa de dinheiro? Se a coisa é essa, tome!

E lhe entregou um envelope no qual havia várias notas de 1.000 liras.

– Tome e use para as necessidades dos seus jovens.

– Oh! Mas, então, muito obrigado! Que Nossa Senhora o recompense... Se quiser, posso dar-lhe um recibo.
– Não, não! Não é preciso.
– Pelo menos diga o seu nome, para que eu possa conhecer o benfeitor.
– Não, o doador não quer ser conhecido: somente deseja que o senhor reze por ele.
Dizendo assim, o homem se foi.
Era clara, como o sol do meio-dia, a intervenção da Providência Divina. Dom Bosco pagou imediatamente o seu credor, e tudo terminou em santa paz!

MB VI, 174.

Apanham-se mais moscas
com uma colher de mel
do que com um barril de vinagre.

22

DOM BOSCO ERA ASSIM

Um empregado do município de Turim tinha tomado parte na execução de leis ofensivas aos direitos da Igreja. Agora estava doente. Fazia tempo que não frequentava a igreja, também porque se tinha dado à leitura de maus jornais que sufocaram no seu coração qualquer sentimento de fé.

Dom Bosco o conhecia porque era alguém que, quando rapaz, frequentava assiduamente o Oratório de Valdocco... Dom Bosco nunca perdia de vista os seus filhos, mesmo quando rebeldes; por isso, fez questão de visitá-lo.

Apenas os dois se encontraram, Dom Bosco perguntou como estava.

– Como o senhor está vendo... Foi a resposta seca do homem.

Apesar da rispidez da resposta, Dom Bosco, aos poucos, conseguiu que o enfermo recitasse com ele três *Ave-Marias*. Depois começou a pedir-lhe notícias dos estudos feitos, dos cargos ocupados... A conversa foi ficando animada: a infância, a juventude, a doença... E a confiança foi abrindo caminho: o homem já se permitiu algumas confidências com Dom Bosco, e Dom Bosco, ora brincando, ora compadecendo-se, foi conhecendo as misérias humanas do seu antigo oratoriano, e acabou por fazer-se uma ideia do estado de sua alma.

Por fim, vendo o homem já cansado, disse-lhe:
– Agora, se quiser, eu lhe dou a absolvição.
– Mas antes da absolvição é preciso confessar-se!
– O senhor já se confessou, eu compreendi tudo. Agora se arrependa sinceramente porque Deus perdoa tudo!

O homem começou a chorar e exclamou:
– Ah, Dom Bosco, como Deus é realmente bom!

Dom Bosco, sabendo que a enfermidade era grave, deu-lhe a absolvição e o deixou em grande paz.

Dom Bosco era assim: nunca deixava que um peixe escapasse de sua rede...

MB V, 37.

Se não tiverem um amigo que lhes corrija os defeitos, paguem um inimigo que lhes preste esse serviço.

23

OLHO INCHADO

Em junho de 1872, um jovem chamado Antônio Bruno estava acamado na enfermaria, totalmente anêmico. Havia uma semana que não comia, e o médico não atinava com o problema.

Dom Bosco passou por lá para vê-lo, deu-lhe a bênção, e mandou que na manhã seguinte levantasse. O rapaz respondeu que não teria como fazer isso, pois não conseguia ficar em pé. Entretanto, Dom Bosco replicou:

– Amanhã você levantará, inclusive irá a passeio fora da cidade.

No dia seguinte, o jovem se sentiu bem disposto, levantou-se e, de fato, foi passear com os colegas até uma vila fora de Turim. Não sentia mal nenhum, pelo contrário, sentia-se muito bem, tinham voltado as forças e também o apetite: em pouco tempo sua saúde estava ótima.

Foi agradecer a Dom Bosco, que lhe recomendou:

– Em qualquer necessidade, venha sempre falar comigo, com toda confiança.

Antônio Bruno tinha dois irmãos que moravam com a mãe. Um deles resolveu tentar a sorte na França, mas antes passou por Turim para se encontrar com um conterrâneo. Este o levou a Dom Bosco, que tentou por todos os meios dissuadi-lo de viajar para a França, mas sem sucesso. Pois bem, ainda não tinha passado um mês e chegou a notícia de sua morte...

O outro irmão, mais dócil, ficou em casa com a mãe, e, em 1872, foi convocado para prestar o serviço militar. Ficou muito triste, pois tinha que deixar a mãe viúva, sozinha, em casa e sem ajuda. E teria que deixar o Oratório, onde se sentia tão bem.

Preocupado, Antonio Bruno recorreu a Dom Bosco, como este lhe tinha recomendado. O Santo disse-lhe diversas vezes que ficasse tranquilo, que seu irmão não faria o serviço militar; entretanto, que recorresse a São José e Maria Auxiliadora.

Humanamente falando, não havia nenhuma esperança de o irmão ser dispensado do serviço militar. Assim, na data da apresentação, no fim do dia, ele partiu com os colegas convocados, caminhando a noite inteira, a pé, para chegar pela manhã a Susa.

Pelo caminho, não se sabe como, um olho inchou muito: ficou tão disforme que, apenas se apresentou para a inspeção, foi declarado inábil para o serviço militar. Contente e feliz voltou para sua terra. Entretanto, antes que chegasse de volta à sua casa, no mesmo dia, o olho inchado tinha voltado ao normal.

Quem diria? Dom Bosco cumpriu a promessa:
– Em qualquer necessidade, venha sempre falar comigo.

MB X, 23-24.

*Faz muito quem faz o que deve;
não faz nada quem faz muito,
mas não faz o que deve.*

24

A POMBINHA E O BISPO

João Cagliero foi um dos primeiros salesianos. Foi acolhido por Dom Bosco quando ainda era rapaz. Muito esperto e dotado de ótimas qualidades, no ano de 1854 contraiu o tifo. Dom Bosco foi visitá-lo na enfermaria. De repente, viu sobre a cabeça do doente uma pombinha branca. A partir daquele momento nunca conseguiu tirar da cabeça que o jovem um dia seria bispo.

Em 1855, vários clérigos e meninos estavam em torno de Dom Bosco e, brincando, discorriam sobre o que eles seriam no futuro. Dom Bosco por um momento se calou, ficou muito sério e, fixando atentamente cada um dos seus rapazes, disse:

– Um de vocês será bispo... mas Dom Bosco será sempre e somente Dom Bosco.

Em 1884, portanto, quase 30 anos depois, o padre João Cagliero, missionário na Argentina, foi nomeado bispo titular de Mágido, com o encargo de ser o primeiro prelado das missões salesianas naquela nação. O novo bispo perguntou a Dom Bosco que revelasse o segredo de 30 anos atrás.

– Sim, respondeu Dom Bosco, mas eu só lhe direi na véspera de sua consagração.

De fato, na véspera da ordenação, Dom Bosco, caminhando um pouco com Cagliero, lhe disse:

– Você se lembra da grave doença que teve quando era jovem, no início dos seus estudos?

– Sim, lembro, e lembro que o senhor tinha vindo para administrar-me os últimos Sacramentos.

Nesse momento, Dom Bosco contou-lhe com detalhes que por duas vezes tinha tido uma visão a respeito dele como futuro bispo.

MB V, 110.

Meus caros, basta que vocês sejam jovens para que eu os ame muito.

25

O CÃO VAI VOLTAR...

Entre junho e julho de 1887, em Calliano Monferrato, um rapaz foi mordido por um cão. Os parentes, com medo de que o cão tivesse contaminado o menino com a raiva, levaram-no a um seu tio em Turim para que lhe aplicasse o antídoto. O médico examinou o rapaz; antes, porém, quis verificar se o cão de fato era portador da raiva, mas não foi possível encontrar o animal.

Então, levaram o menino a Dom Bosco. Informado da situação, disse: – Comecem uma novena; o rapaz se confesse e comungue na igreja de Maria Auxiliadora; não o ponham nas mãos de médicos; o cão, logo vai voltar...

Realmente, não demorou que o cão apareceu e se constatou não estar afetado de raiva. O médico de Calliano, maravilhado, deu tanta publicidade ao fato, que muitos anos depois, no povoado ainda se comentava o episódio.

MB XVIII, 363.

> *Em vez de fazer obras de penitência, façam as da obediência.*

26

DOM BOSCO VÊ SEMPRE

No dia 18 de setembro de 1870, entrou para o Oratório o jovem José Gamba, de 15 anos, natural de San Damiano d'Asti. Mais tarde se tornou sacerdote, vigário geral da sua Diocese, bispo de Biella e de Novara, arcebispo de Turim e cardeal. Ficou no Oratório somente um ano; todavia, ao longo de sua vida, nunca esqueceu um episódio que ele gostava de contar.

Dom Bosco se tinha ausentado por muitos dias. Na primeira noite, depois de sua chegada, dirigiu aos meninos as costumeiras palavras antes de dormir. Foi acolhido por uma onda de aclamações, e precisou de bom tempo antes que pudesse chegar até o pequeno púlpito donde costumava dirigir-se aos seus jovens. Finalmente, subiu, e fez-se um silêncio comovente.

Começou dizendo:

— Estive fora muito tempo, é?! Mas, que fazer? Vocês comem tanto pão que Dom Bosco é obrigado a girar para encontrar dinheiro para pagá-lo. No entanto, durante a minha ausência, eu estive aqui com vocês duas vezes.

Nesse momento todos se entreolharam, surpresos, esbugalhando os olhos e apurando os ouvidos.

– Com certeza! E em uma dessas vezes entrei na igreja durante a missa solene, e vi que faltava um de vocês (tratava-se de um rapaz indisciplinado). Amanhã esse tal fará as malas, porque Dom Bosco não quer saber de jovens assim! Ponham isso bem dentro da cabeça, meus filhos! Dom Bosco, mesmo de longe, vê vocês continuamente!

A maravilha deu lugar à comoção. Ao descer do pequeno púlpito, Dom Bosco foi assediado e todos lhe perguntavam:

– Quem é? Quem é?

Mas ele, sério, respondeu:

– Isso, eu não devo dizer a vocês. O interessado amanhã saberá.

No dia seguinte, soube-se que um colega tinha voltado para casa.

Dom Bosco, mesmo de longe, via constantemente seus filhos...

MB X, 15-16.

Um Oratório Festivo
sem música é um corpo sem alma.

27

QUE SURPRESA!

Dom Bosco quase sempre via o íntimo das consciências. Um rapaz de Buttigliera d'Asti, que mais tarde se fez salesiano, padre e missionário no Uruguai, entrou para o Oratório no verão de 1872. Na primeira vez em que se confessou com Dom Bosco, ouviu-o dizer:
– Você quer ter toda confiança em mim?
– Sim, toda!
– Então, eu lhe farei perguntas, e você me responderá segundo a verdade.
– Sim, sim, direi tudo.
E o colóquio começou assim:
– Você fez isto, não é verdade?
– Sim, senhor!
– Isso você não fez!
– Não, senhor!
Todas as perguntas, afirmativas e negativas, correspondiam cem por cento à verdade, de modo que a Confissão,

iniciada com muita confusão na mente do rapaz que receava não fazê-la bem, terminou com a certeza de ter dito tudo o que devia dizer, sem nada omitir. E com uma paz de consciência invejável, que nunca mais haveria de ser perturbada no futuro, tendo constatado que Dom Bosco tinha lido no seu coração como em um livro.

Enquanto ficou no Oratório, sempre com o pensamento de que Dom Bosco lia nas consciências, não somente nunca quis mudar de confessor, convencido de que não poderia encontrar um melhor, mas também procurou não cometer mais faltas, para não ter que vê-las reveladas pelo Santo.

MB X, 16-17.

*Em cada jovem,
mesmo no mais extraviado,
há um ponto acessível ao bem;
o primeiro dever do educador
é descobrir essa fibra sensível
do coração.*

28

LÍNGUAS DE FOGO

O padre Luís Nai, salesiano e missionário no Chile, contava que em 1872, em uma noite, talvez no último dia dos exercícios espirituais dos estudantes, Dom Bosco confessava no presbitério atrás do altar-mor. Ele foi um dos últimos a se confessar. Terminada a Confissão, Dom Bosco lhe disse estas palavras textuais:

– Neste momento eu vejo todo o seu futuro! Vejo um urso e um leão que avançam sobre você, símbolo das provações às quais você será exposto: lutas em termos de moralidade e de calúnia. Mas também vejo a sua boa vontade. Fique tranquilo, e vá em frente!

Mais tarde o jovem afirmou com juramento que de fato teve que se haver com essas provações, mas que as superou e que se viu livre delas.

Quanto à calúnia, um colega ameaçou acusá-lo junto a Dom Bosco a respeito de coisas não verdadeiras, e de fato cumpriu sua ameaça. Luís Nai ficou sabendo e se

apresentou para se defender. O Santo não permitiu que ele falasse, e lhe disse:
— Meu caro, então você não conhece Dom Bosco? Não tenha medo! Eu conheço você.
Outra vez lhe disse depois da Confissão:
— Você quer fazer um contrato com Dom Bosco?
— Que contrato?
— Pense nisso. Eu lhe direi depois.

O jovem esperou ansiosamente oito dias para voltar a se confessar e conhecer a explicação do segredo; como primeira coisa perguntou a Dom Bosco:
— Qual é o contrato?
Dom Bosco lhe respondeu:
— Vá conversar com o padre Rua.
Sempre mais curioso, foi falar com o padre Rua, ecônomo do Oratório, dizendo-lhe:
— Dom Bosco me mandou falar com o senhor.
— Por que?
— Por causa de um contrato que ele quer fazer comigo.
— Ah! Sim. Venha amanhã participar da conferência que vai haver na igreja pequena.

Era uma conferência que se costumava fazer todos os meses com os salesianos da Casa e com os que manifestavam desejo de entrar para a Congregação.

Sendo já salesiano, sacerdote e ecônomo em San Benigno Canavese, um dia, perguntou a Dom Bosco:
— Qual foi o motivo especial que, quando eu era ainda estudante, levou o senhor a dizer-me que queria fazer um contrato comigo?
— Veja, quando eu confessava, via pequenas chamas de fogo se soltarem das velas acesas no altar de Maria Auxiliadora e, depois de dar várias voltas, pousar sobre

a cabeça de alguns rapazes. Uma dessas chamas pousou sobre sua cabeça...

Para Dom Bosco, as chamas eram sinal evidente de vocação dos jovens à Congregação Salesiana. Isto lhe aconteceu muitas vezes, como ele mesmo contou, em 1885.

MB X, 17-18.

Um pedaço de paraíso conserta tudo.

29

PRESO POR UM DEDO

O padre Maggiorino Borgatello, missionário salesiano, narrava com detalhes seu primeiro encontro com Dom Bosco.

Em 1873 entrou para o Colégio de Varazze, sem nenhuma intenção de se fazer padre, menos ainda religioso e salesiano, porque tinha preconceitos contra Dom Bosco e sua Obra. Depois de pouco tempo ouviu dizer que chegaria Dom Bosco para uma visita, notícia que não o deixou muito satisfeito.

O rapaz estava contente por poder conhecê-lo, mas ao mesmo tempo se sentia preocupado porque temia sua visita. Quando Dom Bosco entrou no pátio, todos os internos correram ao seu encontro, fazendo-lhe muita festa, e disputando entre si poder beijar-lhe a mão. Dom Bosco, sorridente, acolhia todos com bondade e brincava amavelmente.

Maggiorino, quase às escondidas, chegou perto, por detrás e, tomando-lhe a mão, beijou-a, só para poder dizer que tinha beijado a mão de Dom Bosco. O Santo fez de conta que não o viu, voltou o rosto para outro lado, mas segurou o rapaz por um dedo. Mantendo-o bem firme junto com mais dedos de outros jovens, obrigou-o a segui-lo por todo o longo corredor do colégio.

À medida que ia andando, Dom Bosco soltava este ou aquele dedo, até que chegando ao pé da grande escadaria que leva ao piso superior, estavam com ele somente dois: João Bielli, íntimo amigo e colega de estudos, e Maggiorino. Antes, o Santo falou um pouco com Bielli e depois o deixou ir. Em seguida, voltou-se para Maggiorino. Até aquele momento ele ainda não tinha olhado para ele, e parece que o fez de propósito. Apenas se encontrou sozinho com Dom Bosco, o rapaz disse consigo mesmo: "Agora que são elas!... O que será de mim?!..."

Dom Bosco olhou para o rapaz com um olhar tão penetrante que o frio correu pela sua espinha, e nem pôde continuar a olhar para ele. Confuso, abaixou os olhos, cheio de santo temor, convencido de que ele lia no íntimo do seu coração.

Com muita doçura, Dom Bosco perguntou como ele se chamava, qual era a sua intenção, se gostava de estar naquele colégio etc. E terminou dizendo:

– Veja bem, eu quero ser seu amigo!

Depois, ao liberá-lo, acrescentou:

– Amanhã eu vou confessar na sacristia. Venha visitar-me. Conversaremos e você verá que ficará contente.

No dia seguinte, Dom Bosco conversou com ele na Confissão e o rapaz ficou contentíssimo. Ele mesmo revelou ao menino o estado da sua consciência com tal precisão e gentileza que o rapaz ficou atônito e confuso, não sabendo se mais admirava sua santidade em ler sua consciência, ou sua bondade e a maneira gentil ao revelar-lhe seu interior.

Chorou de pura alegria por ter encontrado um amigo tão querido, um pai, e desde então o amou com amor sempre maior e nunca mais o abandonou. Dom Bosco predisse-lhe diversas vezes acontecimentos futuros que se realizaram ao pé da letra.

MB X, 18-20.

A respeito de Deus, pense conforme a fé; do próximo, conforme a caridade; de si mesmo, conforme a humildade.

30

FICAR OU NÃO COM DOM BOSCO?

O fato de Dom Bosco ler as consciências era conhecido e comentado por todos no Oratório. Vários jovens que não tinham a consciência em ordem ou temiam ser aconselhados a ser padres ou salesianos, não iam se confessar com ele. Por isso, na noite de 8 de julho de 1873, Dom Bosco quis ser muito claro com os seus rapazes e fez uma série de considerações:

– Alguns andam dizendo: eu não quero confessar-me com Dom Bosco porque ele me diz que me faça padre ou que fique com ele aqui em casa!... E eu lhes digo que somente quando tenho certeza de que são verdadeiramente chamados por Deus é que sugiro que fiquem tranquilos e que vão para frente com essa intenção.

– Quanto a ficar aqui, mesmo que alguns quisessem, em certos casos eu não gostaria. No mais, é justo que aos que me abrem todo o seu coração eu também lhes abra o meu e lhes diga o que me parece mais oportuno para a salvação de sua alma. Finalmente, mesmo que eu desse esse conselho, por acaso é grande mal dizer a alguém que fique aqui, em um lugar onde vocês têm casa, roupa e comida, podem continuar os estudos, inclusive superiores, ser livres do alistamento militar etc.?

– Devo ainda observar que alguns vêm confessar-se querendo fazer a Confissão geral e querem que eu fale tudo. É preciso que nos entendamos: são vocês que vêm confessar-se comigo, não eu com vocês; porque, se eu digo a vocês os meus pecados, vocês podem contá-los aos outros, porque não têm a obrigação do segredo da Confissão (*riso geral*).

– Seja como for, no início eu dizia tudo, mas depois eu me cansava e não aguentava mais. Por isso, cada qual comece dizendo o que lembra: depois o confessor, se quiser saber mais, perguntará alguma coisa.

– Mas o fato é que, nesses dias, eu via e lia tão claramente na consciência de vocês as coisas passadas, presentes e futuras, que até poderia ter escrito sua vida futura. Eu a via todinha traçada diante dos meus olhos, de tal modo que não teria a fazer outra coisa senão escrever, e estaria certo de não errar. Por isso, os que tiveram confiança comigo no passado, podem estar tranquilos quanto aos conselhos recebidos.

MB X, 20-21.

Não demos o nome de divertimento a um dia que deixa remorsos no coração.

31

VOCÊ SIM, VOCÊ NÃO!

Dom Bosco predisse muitas vocações, inclusive algumas que, segundo outros, pareciam impossíveis. Um dia, encontrando um jovem que não tinha a mínima ideia de ser padre, disse-lhe: – Sim, sim, você é chamado, Deus quer você. Se abandonar certos hábitos, você será um bom padre.

Esse jovem, em 1872, vestiu a batina e entrou para o Seminário. Mas era leviano, e em 1876 voltou para casa. O pai o aconselhou e ele começou a estudar francês para ser comerciante. Mais tarde foi se aconselhar com o padre Pellico, jesuíta, que lhe disse:

– Vá adiante. Você é chamado, sim. Siga o conselho de Dom Bosco, e eu participarei da sua primeira missa.

Foi para frente, mas sempre de má vontade, sem corresponder à graça de Deus. Finalmente, depois de anos, tranquilizou-se ao usar todos os meios necessários e, ordenado padre, pôde dizer: – Dom Bosco tinha razão. É mesmo verdade que Deus me chamava, e agora sou feliz!

Em 1871, uma senhora de Gênova com duas filhas, acompanhando uma sua prima ao mosteiro das Irmãs Adoradoras em Monza, quis passar por Turim para receber a bênção de Dom Bosco. Ele as acolheu bondosamente e, no meio da conversa, deixou escapar, quase com indiferença, algumas palavras proféticas, que tiveram pleno cumprimento.

Voltando-se para a filha mais nova, disse: – Esta aqui seguirá a prima! De fato, cerca de dois anos depois, a jovem foi ser monja na mesma Instituição, embora naquele tempo a sua intenção fosse bem diversa.

Voltando-se para a outra, acrescentou: – Esta aqui será a que lhe dará mais preocupações!

Também isto se verificou, porque, pelo caráter indeciso da menina, foi preciso lutar um bocado antes que ela se pusesse em ordem. Além disso, males físicos e morais deram muita preocupação à família, particularmente à mãe.

MB X, 21-22.

O mel da caridade tempere o amargor da repreensão.

32

COITADINHO!

O conde César Balbo, grande amigo de Dom Bosco, pôde admirar de perto sua intuição para captar à primeira vista o modo de ser de qualquer pessoa que lhe fosse apresentada.

Um dia, estando em Nizza, levaram até o Santo um rapaz que a extrema miséria quase tinha reduzido à imbecilidade, esperando confiá-lo a Dom Bosco. Dom Bosco o acolheu carinhosamente e lhe fez algumas perguntas.

O rapaz deu respostas totalmente sem sentido, mostrando que não sabia absolutamente nada. Mas Dom Bosco insistiu: – Pelo menos, você sabe brincar de barra comprida (um jogo muito comum no Oratório)?

Os olhos do pobrezinho brilharam de satisfação. Então, Dom Bosco, com ares de quem acabou de fazer uma preciosa aquisição, voltou-se para os presentes e disse com seriedade: – Este rapaz foi feito precisamente para mim!

E o aceitou.

Passaram-se muitos anos. Um dia, é anunciada ao conde Balbo a visita de um salesiano de nome desconhecido. Ele o recebe e vê diante de si um padre de boa aparência, conversa agradável, aspecto inteligente, que lhe diz: – O senhor não me reconhece. Eu sou aquele rapaz que em tais e tais circunstâncias foi aceito por Dom Bosco em sua casa em Nizza...

Dom Bosco tinha lido com exatidão na face do "coitadinho", e conseguira fazer dele um homem apto a ser posto à frente de um grande colégio.

MB X, 373.

*Eu respeito a todos,
mas não tenho medo
de ninguém.*

33

JOÃOZINHO BOSCO, COMO ERA?

João Bosco, por natureza, era facilmente irascível, pouco dócil e duro. Precisava de ingentes esforços para vencer a si mesmo. De caráter sério, falava pouco, observava tudo, pesava as palavras dos outros, e procurava conhecer a índole diversa das pessoas e adivinhar seus pensamentos para saber como comportar-se com prudência. Nas brincadeiras que ouvia ou que ele mesmo dizia, nunca foi visto dar gargalhadas.

Dotado de grande coração e inteligência viva, imitava com facilidade qualquer arte ou ofício que tivesse visto outros exercerem. Tenaz nos seus propósitos, mediante a paciência soube superar todas as travessias da vida para alcançar os seus objetivos.

Certo João Becchis, que conheceu João Bosco quando menino, afirma que ele era de uma obediência extraordinária. As mães o apontavam como modelo para os seus próprios filhos.

Quanto ao exterior, era de estatura média, ágil de corpo, agradável de aspecto: rosto recheado, oval, fronte espaçosa e serena. Regulares o nariz e os lábios, sempre em atitude de calmo sorriso. Queixo bem torneado e gracioso. Olhos tendendo para o negro policromado, penetrantes. Conforme seu brilho, também mudava a expressão de seu semblante. Cabelos espessos e encaracolados, castanhos, como as sobrancelhas.

Este é o retrato de João Bosco, criança, que dele nos transmitiram seus coetâneos.

MBp I, 90.

> *Quando se trata de servir*
> *a um Pai tão bom como Deus*
> *é preciso estar pronto a*
> *sacrificar qualquer coisa.*

34

O MELRO

Quando João Bosco já tinha começado a frequentar a escola de Morialdo, ocorreu um fato que, entre os muitos que manifestam nele uma sensibilidade de coração não comum, revela também o propósito prematuro de consagrar a Deus todos os seus afetos, sem nenhuma exceção.

Ele tinha aproximadamente dez anos. Capturou um bonito melro, pôs em uma gaiola, criou e treinou no canto: assobiava por longo tempo algumas notas até que as aprendesse de cor. Aquele pássaro era sua delícia. Aliás, ocupava totalmente seu coração, e ele quase não pensava em outra coisa a não ser no seu melro nas horas de recreação, nas horas de estudo e até na escola.

Contudo, nada neste mundo dura longamente. Um dia, chegando da escola, correu logo a procurar seu melro para se divertir. Que dó! Encontrou a gaiola manchada de sangue e o pobre pássaro estraçalhado, morto, devorado pela metade. Um gato o tinha agarrado pela cauda e, tentando arrancá-lo da gaiola, o matou.

O rapaz ficou tão estremecido diante daquele espetáculo que se pôs a soluçar, e sua tristeza durou vários dias sem que ninguém o pudesse consolar.

Finalmente, parando um pouco para refletir sobre as razões do seu lamento, a frivolidade do objeto em que tinha posto toda a sua afeição, a nulidade das coisas mundanas, tomou uma resolução superior à sua idade: propôs nunca mais apegar seu coração a coisas terrenas.

MBp I, 107-108.

Caridade, paciência, doçura; nunca repreensões humilhantes, jamais castigos; façam o bem a quem for possível, mal a ninguém.

35

UM SONHO, UMA VIDA

Joãozinho Bosco, aos nove anos, teve um sonho que marcou profundamente sua vida. Pareceu-lhe estar perto de casa, em uma área espaçosa, onde uma multidão de meninos se divertia: riam, brincavam, também blasfemavam. Ao ouvir as blasfêmias, Joãozinho se atirou no meio deles, tentando, com socos e palavras, calar-lhes a boca.

De repente, apareceu um "homem" venerando; um manto branco cobria-lhe o corpo; seu rosto era tão luminoso que João não conseguia fitá-lo. Chamou Joãozinho pelo nome e mandou que se pusesse à frente daqueles meninos, acrescentando: – Não é com pancadas, mas com a mansidão e a caridade que você deverá ganhar esses seus amigos. Ponha-se imediatamente a instruí-los sobre como é feio o pecado e como é bela a virtude.

João retrucou que ele era um menino pobre e ignorante, incapaz de falar de religião. E perguntou: – Quem é o senhor que me manda fazer coisas impossíveis?

– Justamente porque parecem impossíveis é que você deve torná-las possíveis mediante a obediência e a aquisição da ciência.

– Onde e com que meios vou poder adquirir a ciência, eu que sou pobre?

– Eu lhe darei a mestra: com ela você se tornará sábio.

– Quem é o senhor que me fala assim?

– Eu sou o filho daquela que sua mãe lhe ensinou a saudar três vezes ao dia.

– Minha mãe diz que eu não devo me meter com gente desconhecida; diga seu nome.

– Pergunte-o à minha mãe.

Nesse momento, João viu a seu lado uma "senhora" de aspecto majestoso, envolta em um manto resplandecente. Ela lhe fez sinal para que chegasse perto e, tomando-o com bondade pela mão, disse-lhe: – Veja!

E Joãozinho viu que no lugar dos meninos apareceu uma multidão de cabritos, cães, gatos, ursos e outros animais. A mulher lhe disse ainda: – Este é seu campo de trabalho. Torne-se humilde, forte, robusto; e o que agora você vê acontecer a esses animais deve fazê-lo aos meus filhos.

De repente, aqueles animais ferozes se transformaram em mansos cordeirinhos que corriam ao redor daquele homem e daquela senhora, como fazendo festa.

Neste ponto, João começou a chorar, e pediu que falassem claro, para que ele compreendesse. A senhora, então, pôs a mão sobre sua cabeça e lhe disse: – A seu tempo você compreenderá tudo!

No dia seguinte, João contou o sonho aos familiares. Cada qual dava o seu palpite. Mamãe Margarida, como que intuindo o futuro do filho, disse: – Quem sabe um dia você será padre?

A avó, analfabeta, deu a sentença definitiva: – Não se deve fazer caso dos sonhos.

Joãozinho era do parecer da avó, todavia nunca pôde tirar da cabeça aquele sonho que, ao longo de sua vida, se repetiu mais vezes.

Na verdade, a vida de Dom Bosco foi o sonho dos nove anos que virou realidade!

MBp I, 112-113.

Os espinhos da vida serão as flores da eternidade.

36

APERTE COM FORÇA!

No ano de 1884, Dom Bosco, já com 69 anos, estando doente e acamado, desgastado por causa das muitas canseiras, o médico quis medir a sua força. Pegou um manômetro e antes de apresentá-lo a Dom Bosco, disse-lhe: – Dom Bosco, aperte meu pulso com toda a força que o senhor puder.

– Doutor, o senhor não conhece a minha força.

– Não, insistiu o médico, não receie me machucar. Aperte!

Dom Bosco aceitou e apertou a mão que o médico lhe oferecia. O doutor aguentou por alguns instantes; depois, com lágrimas brotando dos olhos, fitava o seu doente, em quem não suspeitava haver tão grande vigor; por fim, teve que gritar. O aperto de Dom Bosco quase lhe tinha feito espirrar o sangue da ponta dos dedos. Então tomou o manômetro e o entregou a Dom Bosco.

– Doutor, disse Dom Bosco, se eu aperto esse instrumento com as minhas mãos, vou arrebentá-lo.

– Por mais forte que o senhor seja não conseguirá certamente quebrar um aparelho de aço.
– Muito bem, então o senhor experimente primeiro.
O médico apertou o instrumento o mais possível com a mão direita, e o aparelho marcou 45 graus.
– Agora, disse Dom Bosco, dê para esse padre que está aí.
O padre pegou o instrumento, apertou com força e chegou a 43 graus.
– Agora, o senhor!
Dom Bosco apertou o manômetro e assinalou 60 graus, o máximo que o aparelho podia indicar. Dom Bosco sentia que a sua força podia ir além dos limites do manômetro...

De toda a sua força, Dom Bosco usou pouquíssimas vezes, só por necessidade ou por algum fim bom, ou então para satisfazer amigos durante o recreio; nunca para se defender. Fazia isso sem esforço, com a costumeira calma, sem perder a compostura da pessoa, sem se vangloriar, como se fosse a coisa mais natural deste mundo.

Pouco a pouco, foi consumindo toda a robustez do seu corpo em holocausto contínuo para a glória de Deus e para o bem do seu próximo, particularmente dos jovens pobres e abandonados.

MBp I, 119-120.

*Quem é humilde e amável
será sempre amado por todos:
por Deus e pelos homens.*

MENINO INDISCIPLINADO

Em 1886, um rapaz muito inteligente frequentava a escola pública. Todavia, era indisciplinado e também não estudava. Uma noite, seu pai, falando com amigos a respeito do comportamento do filho, soube de certo padre que tinha aberto um colégio em Valdocco, onde com poucas despesas os alunos obtinham bons resultados.

Ao ouvir os comentários do pai, o rapaz disse: – Papai, mande-me para lá e verá que lá eu ficarei.

O menino foi dormir, convencido de que tudo estava resolvido.

Naquela noite teve um sonho: parecia-lhe estar em um pátio, com alguns papéis na mão, vendo muitos jovens que batiam palmas para um padre que estava no balcão de sua casa; ele também subiu as escadas e foi beijar a mão daquele padre.

Depois de alguns meses, o jovem, que nesse ínterim esquecera completamente o sonho, entrou para o Oratório de Valdocco, e se adaptou sem dificuldade à vida de colégio. Ainda não conhecia Dom Bosco, ausente de Turim havia algumas semanas.

Um dia, durante o recreio, um professor lhe pediu para levar alguns papéis a um dos superiores. Ao descer a escada, ouviu aclamações e aplausos prolongados; correu para o pátio para ver o que acontecia. Era Dom Bosco, que voltando de uma longa viagem, estava no balcão, sorrindo para seus moleques.

O sonho estava acontecendo... O rapaz, de repente, se deu conta de que aquele era o pátio, aquela a multidão de jovens, aquela a casa, aquele o padre que tinha visto no sonho... e ele estava ali com os papéis na mão, como no sonho. Querendo que tudo acontecesse por completo, foi até o balcão e beijou a mão de Dom Bosco, como fizera no seu sonho.

MB VI, 768.

Vocês querem muitas graças?
Visitem com frequência
Jesus na Eucaristia.
Querem poucas graças?
Visitem-no raramente.

38

PADEIRO PÃO DURO!...

Francisco Dalmazzo, de 15 anos, fez seus estudos em um colégio de Pinerolo e, em 1860, foi promovido à classe de retórica.

Entrou para o Oratório no dia 22 de outubro de 1860. Ouvia seus colegas falando com entusiasmo de Dom Bosco, do qual contavam fatos extraordinários e milagrosos. O rapaz se convenceu da santidade de Dom Bosco, mas não conseguia adaptar-se à modesta comida do Oratório, razão pela qual escreveu à mãe para que viesse buscá-lo.

Na manhã do dia em que voltaria para casa, quis confessar-se ainda uma vez com Dom Bosco. Foi para trás do altar onde Dom Bosco atendia as Confissões, rodeado de jovens. Esperando sua vez, viu chegar os rapazes encarregados de distribuir o pão, que disseram a Dom Bosco: – Não temos pão em casa...

Dom Bosco respondeu: – Falem com o senhor Magra, nosso padeiro, pedindo que providencie o necessário.

– O padeiro não quer mais fornecer pão. Desde ontem, ele não mandou pão e não quer mais mandar; inclusive ameaça não fornecer mais nada, se não receber o pagamento do que já forneceu.

– Tudo bem. Vou pensar e daremos um jeito, respondeu Dom Bosco.

Dalmazzo ouviu essa conversa e teve o pressentimento de que iria testemunhar alguma coisa fora do comum.

Um pouco mais tarde, os dois rapazes voltaram a falar com Dom Bosco, que lhes disse: – Procurem na dispensa tudo o que houver, recolham também o que tiver sobrado nos refeitórios; ponham tudo em um cesto e daqui a pouco eu mesmo farei a distribuição.

Terminadas as Confissões, Dom Bosco foi até a porta da igreja que dava para o pátio; ali era distribuído o lanche; o cesto com o pão ficava diante da porta.

Ao sair, Francisco Dalmazzo encontrou sua mãe que viera buscá-lo, mas pediu que ela esperasse sob o pórtico... Enquanto isso, ele se colocou em um degrau atrás de Dom Bosco, donde podia observar tudo o que acontecia.

Dom Bosco começou a distribuir o pão, dizendo a este ou àquele uma boa palavra ou dando um sorriso. Todos os rapazes, certa de 400, receberam pão. No fim da distribuição, Francisco viu que no cesto havia a mesma quantidade de pão que havia antes. Estupefato, correu para junto da mãe e lhe disse: – Mamãe, não volto mais para casa!

Fez-se salesiano e padre, e ficou com Dom Bosco para sempre!

MB VI, 777-779.

Lembremo-nos de que damos um grande presente à Igreja quando promovemos uma boa vocação.

39

COISAS DO DIABO...

Entre 1862 e 1864, Dom Bosco recebeu repetidamente a visita do diabo, que algumas vezes conseguia fazer-lhe passar noites em claro. Consequência dessas visitas nada simpáticas era a diminuição de sua resistência ao trabalho e uma fraqueza que lhe minava as forças, embora ele fosse de constituição muito robusta.

Precisamente este era o objetivo que se propunha o inimigo do bem, ao improvisar suas confusões noturnas: cansá-lo na luta contra o pecado, contra o mal e, no nosso caso, levá-lo a desistir do propósito de potenciar as escolas católicas que ele tinha aberto em concorrência com as dos protestantes nas proximidades do bairro de Porta Nova.

Dom Bosco dizia: — Faz três noites que ouço rachar lenha perto da minha cama; esta noite, embora a estufa estivesse apagada, o fogo se acendeu sozinho e uma enorme chama parecia incendiar a casa.

Às vezes, Dom Bosco acendia o lampião e então tudo cessava momentaneamente, para recomeçar apenas o lampião fosse apagado. Inclusive, um grito estridente fazia Dom Bosco estarrecer, ou a porta do quarto se escancarava de improviso e deixava entrever um monstro de aspecto repugnante, ameaçando saltar-lhe em cima.

Na noite do dia 12 de fevereiro de 1862, Dom Bosco tinha acabado de deitar. De repente, sentiu uma sacudida tão forte que pensou ter quebrado a espinha. Não quis incomodar ninguém e tentou dormir novamente. Não demorou muito que lhe parecia haver alguém fazendo enorme pressão sobre seu estômago; tentou livrar-se dando um soco muito forte, mas não atingiu ninguém.

Decidiu-se que alguns salesianos se alternariam em dormir ao lado do quarto de Dom Bosco, mas os sustos eram tão grandes que o pavor os deixava completamente atordoados.

Dom Bosco tentou driblar o diabo passando algum tempo como hóspede do bispo de Ivrea. Tudo correu bem nos primeiros dias, mas não demorou que, em uma noite, um monstro horrível fizesse Dom Bosco dar um grito tão forte a ponto de apavorar todos os que moravam no palácio episcopal.

Muitas foram as visitas noturnas do maligno, algumas deixando consequências graves que muito complicaram a vida do pobre Dom Bosco.

MB VII, 69-70.

*Quando um filho deixa os
pais para seguir sua vocação,
Jesus vem ocupar seu lugar
na família.*

40

PARA O MANICÔMIO!

Alguns padres colegas de Dom Bosco, preocupados com os planos que ele expunha a respeito do futuro de seu apostolado, comentavam: – Dom Bosco tem ideias fixas que o levarão inevitavelmente à loucura; como a doença ainda está no início, talvez ele possa ser curado mediante um tratamento cuidadoso; assim chegaremos a tempo para impedir a desgraça completa. Vamos levá--lo ao manicômio; e lá, com os devidos cuidados, se fará quanto a caridade e a ciência sugerirem para seu bem.

Foram, pois, conversar com o diretor do manicômio e conseguiram um lugar para o pobre Dom Bosco. Então dois respeitáveis sacerdotes se encarregaram de ir buscá-lo em uma carruagem fechada, e com bons modos levá-lo ao manicômio.

Chegou o dia da execução do plano. Conversaram com Dom Bosco e, aos poucos, puxaram a conversa sobre seu futuro. Dom Bosco lhes repetiu o que já havia dito aos outros; falava com tanta naturalidade como quem visse tudo diante de seus olhos. Os dois enviados se entreolharam com certo ar de compaixão e, suspirando, disseram: – É verdade! Ele está totalmente desvairado.

Entretanto, Dom Bosco se deu conta de que os dois cônegos faziam parte do grupo dos que acreditavam que ele estivesse demente, e interiormente ele ria. Estava apenas esperando para ver como tudo iria acabar, quando os dois interlocutores o convidaram para sair com eles a passeio: – Um pouco de ar livre lhe fará bem, caro Dom Bosco; temos ali fora a carruagem que nos espera.

Dom Bosco, sempre muito esperto, logo percebeu a jogada que lhe queriam aprontar; então, acolheu o convite e foi com eles até a carruagem. Ao chegarem lá, em um excesso de gentileza, os dois amigos lhe pediram que subisse primeiro.

Dom Bosco recusou e respondeu: – Não! Seria uma falta de respeito à sua dignidade; por favor, subam os senhores, primeiro.

Sem suspeitar de nada, os dois subiram persuadidos de que Dom Bosco subiria imediatamente em seguida. Mas ele, assim que os viu dentro da carruagem, bateu rapidamente a portinhola e gritou ao cocheiro: – Rápido! Para o manicômio, onde estes dois estão sendo esperados.

No manicômio não foi fácil desfazer a confusão: esperavam um louco e chegaram dois...

A esperteza de Dom Bosco ficou famosa e ele a usou muitas vezes para fazer o bem.

MBp II, 351-352.

> *Nossas férias,
> nós as faremos no paraíso.*

41

O GRÍGIO

As Memórias do Oratório de São Francisco de Sales, redigidas por Dom Bosco por ordem de Pio IX, terminam precisamente ao narrar a história de um cão misterioso, que muitas vezes defendeu Dom Bosco na série de atentados que enfrentou: deu-lhe o nome de *Grígio*, que quer dizer *Cinzento*.

Naquele tempo, o manicômio era o último edifício pelos lados do Oratório; o restante era terreno baldio. No cair de uma noite, Dom Bosco regressava para casa com certo medo, quando de repente viu ao seu lado um enorme cão, que à primeira vista o assustou; como, porém, o animal lhe fazia festa, logo ficaram amigos; o cão o acompanhou até o Oratório, o que aconteceu muitas vezes.

Em fins de novembro de 1854, em uma tarde escura e chuvosa, Dom Bosco voltava da cidade. Em determinado ponto, percebeu que dois homens caminhavam a pouca distância dele na sua frente: aceleravam ou diminuíam o passo, conforme ele acelerava ou diminuía o seu. Dom Bosco quis voltar, mas não houve tempo. Dando dois pulos para trás, e sem dizer palavra, jogaram-lhe uma capa sobre o rosto. Ele fez de tudo para se desvencilhar, mas foi amordaçado com um lenço.

Naquele momento, porém, eis que aparece o *Grígio* que, latindo furiosamente, lança-se sobre os dois homens que, aterrorizados, deixam Dom Bosco em paz e fogem; o *Grígio* o acompanhou até em casa.

Nas noites em que Dom Bosco não estava acompanhado por alguém, assim que passava as últimas casas, via despontar o *Grígio* de algum lado da rua. Muitas vezes os jovens do Oratório o viram também, e se divertiram com ele, o acariciavam. Uma vez o levaram até o refeitório, onde Dom Bosco estava jantando com alguns clérigos e padres. Diante de tão inesperada visita, todos ficaram amedrontados.

Dom Bosco os acalmou dizendo: – Não tenham medo, é o meu *Grígio*.

Realmente, chegou perto de Dom Bosco, fazendo festa. Ele o acariciou, ofereceu-lhe comida, mas o cão a recusou; apoiou a cabeça sobre seus joelhos, como se quisesse falar-lhe ou dar-lhe boa-noite; em seguida, os meninos o acompanharam para fora.

A última vez que Dom Bosco viu o *Grígio* foi em 1866, indo de Morialdo a Moncucco, à casa de Luís Moglia, seu amigo. Surpreendido pela noite em meio à estrada, eis que surge o *Grígio*, correndo com grandes demonstrações de alegria, e o acompanha pelo trecho de caminho que ainda restava a fazer, uns três quilômetros.

Chegando à casa do amigo, Dom Bosco conversou com a família, jantou, enquanto o cão descansava no canto da sala. Ao querer dar-lhe de comer, o animal não foi mais visto, embora as portas e janelas estivessem todas fechadas.

Foi esta a última notícia que Dom Bosco teve do cão cinzento. Jamais soube quem seria seu dono. O fato é que o *Grígio* foi para ele uma verdadeira providência nos muitos perigos em que se viu metido.

MBp IV, 627-634 (passim).

*É muito importante fazer
de tal modo que um menino,
um jovem, nunca se afaste
de nós descontente.*

42

PASSAGEM BARRADA

Houve uma noite em que o Grígio não quis que Dom Bosco saísse de casa. Mamãe Margarida tentava dissuadir o filho; Dom Bosco, porém, dizia que não se preocupasse, pois levaria consigo alguns rapazes dos mais fortes. E assim fez. Quando, porém, chegou à porta de saída, o Grígio estava lá, deitado, barrando a passagem. Dom Bosco ficou contente ao vê-lo e disse: – Que bom: assim teremos um a mais para nos defender!

O cão, porém, não se mexeu; pelo contrário, latiu, mostrando os dentes.

Por duas vezes Dom Bosco quis passar, mas o animal não o deixou. Um dos rapazes o tocou com a ponta do pé, e o *Grígio* respondeu com latidos assustadores que não deixavam dúvidas: era preciso ficar em casa!

Nesse momento, Mamãe Margarida, que já estava preocupada, disse ao filho: – Se você não quer ouvir sua mãe, ouça pelo menos o *Grígio*: não vê que ele não quer que você saia?

Dom Bosco, respeitando a mãe preocupada, cedeu e voltou para casa.

Não passaram 15 minutos, um vizinho veio procurar Dom Bosco e recomendar-lhe que estivesse atento, porque soubera que três ou quatro indivíduos giravam em torno do Oratório decididos a matá-lo.

MBp IV, 629-630.

*É quase impossível ir a Jesus
se não se vai por meio de Maria.*

43

O PAI TAMBÉM...

Devendo cuidar de seus interesses, Dom Bosco foi várias vezes a um modesto restaurante pelos lados de Valdocco, onde tinha feito amizade com o filho do dono. O rapaz, embora de boa vontade, tinha pouco tempo livre aos domingos para ir à igreja, dado que os fregueses não paravam de chegar e ele devia ajudar às mesas.

Um dia, enquanto o rapaz conversava com Dom Bosco, o dono da casa veio sentar-se junto deles, tomando parte na conversa. Dom Bosco aproveitou o momento oportuno e lhe pediu que permitisse ao filho e aos familiares irem confessar-se no Oratório. Aquele senhor, que havia muitos anos não se aproximava dos Sacramentos, concordou de boa mente. Dom Bosco, então, exclamou:
— Isto, porém, não me basta; preciso que venha também o pai.

O homem ficou um instante pensativo e depois respondeu: — Está bem, irei, mas com uma condição.
— Vejamos.

– Que o senhor aceite almoçar comigo.
– Aceito.

O dono do pequeno restaurante não cabia em si de alegria e preparou na própria casa o que havia de melhor. Dom Bosco, no dia marcado, lá estava e o almoço foi uma maravilha, embora só estivesse presente a família. O dono a toda hora repetia ser aquele o dia mais belo da sua vida. Na hora de ir embora, ao agradecer, Dom Bosco disse: – Agora mantenha a sua palavra. Certo?
– Pode deixar. Serei fiel!

Depois de alguns dias, o tal senhor mandou a família se confessar, mas ele não apareceu. Dom Bosco se encontrou com ele diversas vezes e sempre lhe perguntava: – Então, quando?

Por fim, o homem manteve a palavra e acabou se confessando com o próprio Dom Bosco. Daí em diante sempre foram amigos.

MBp III, 55-56.

Deus nos colocou no mundo para os outros.

44

UM CAFÉ, POR FAVOR...

Também nos bares de Turim Dom Bosco exercia sua missão salutar. Pedia um café, mas o objeto de suas solicitudes eram os rapazes que serviam a bebida. Devagarinho, ele começava a conversar com este ou aquele e, enquanto lhe punham sobre a mesa a bandeja, em pouco tempo eles lhe abriam o coração. Eram poucas palavras para não chamar atenção, mas eficazes. No domingo seguinte, aqueles jovens, bem cedinho, já estavam no Oratório.

Às vezes, Dom Bosco chamava o patrão e lhe dizia:
– Poderia permitir que de vez em quando este rapaz viesse me visitar no Oratório em Valdocco? Lá ele poderia aprender um pouco de catecismo e tornar-se uma ótima pessoa.
– Ele precisa mesmo: é um moleque, insolente, vadio!
– Oh! Possível? Tenho impressão de que não é bem assim.

Em seguida, continuando a conversa com o patrão:
— De qualquer forma, estamos entendidos; o senhor me dará este prazer e eu lhe serei muito grato.

E o jovem aparecia no Oratório.

Às vezes, Dom Bosco convidava o próprio patrão e seus filhos para que viessem se confessar, especialmente no tempo de Páscoa: — Então, senhor patrão, quando vamos fazer a Páscoa?

— Nós somos cristãos, o senhor sabe! O nosso dever, nós o sabemos... Mas, veja bem, o trabalho não para... a gente não tem tempo à disposição... Mas, está bem; veremos.

— E os seus filhos, já fizeram a Páscoa?

— Os meus filhos, quero que sejam corretos: terão, que se haver comigo se faltarem a este dever.

Às vezes renovava o convite aos patrões; finalmente aceitavam e iam se confessar junto com os filhos.

MBp III, 56-57.

No momento da morte, a gente julga as coisas desde pontos de vista muito diferentes.

45

UM BARBEIRO MUITO "BARBEIRO"

Dom Bosco se interessou também por outra categoria de jovens: os aprendizes de barbeiro. Precisando fazer a barba, entrava em uma barbearia e escolhia de preferência as mais frequentadas em certas horas. Pediam-lhe que aguardasse... Mas Dom Bosco olhava de cá para lá e descobrindo algum aprendiz que preparava as navalhas, respondia: – Estou com pressa, não posso esperar; aquele jovem ali poderia muito bem me fazer a barba.

O barbeiro arregalava os olhos e exclamava: – Pelo amor de Deus, não se faça torturar por aquele rapaz. Faz poucas semanas que começou a lidar com navalhas. Além disso, é tão descuidado e tem muito pouca vontade de aprender!

Mas Dom Bosco replicava: – No entanto, parece-me um menino inteligente. Minha barba não é muito difícil. Se o senhor permitir que ele faça a primeira experiência com a minha barba, seria para mim um prazer. Verá que tudo correrá bem.

– Seja como quiser: eu o avisei, e quem avisa amigo é.
– Obrigado! E voltando-se para o rapaz, que tinha corado de vergonha pelo "elogio" do seu patrão, dizia-lhe: – Venha aqui, vamos, mostre sua perícia; estou certo de que o patrão mudará de opinião a seu respeito.

O jovem, criando coragem, hesitava, depois pegava a navalha e começava a barbear o pobre padre. Não dá para imaginar quanto aquela mão inexperiente fez Dom Bosco sofrer.

Terminada a dolorosa operação, muitas vezes com o rosto marcado por alguns cortes, os elogios que o jovem recebia do bom servo de Deus eram como vínculos que conquistavam o coração de quem estava acostumado a ouvir somente repreensões. Dom Bosco prometia voltar, contanto que fosse aquele rapaz, não outro, a lhe fazer a barba.

MBp III, 57-59.

Vale mais um bom café da manhã feito por obediência do que uma mortificação feita por próprio capricho.

46

DÊ-ME AS RÉDEAS...

Em 1850, Dom Bosco foi confessar em Carignano. Nessa ocasião, reconduziu ao redil uma ovelha tresmalhada: um homem que ele tinha conhecido na prisão de Turim. Era cocheiro e, em um daqueles dias, dado que a diligência estava lotada, Dom Bosco sentou-se ao lado dele na boleia.

Conversa vai, conversa vem, o cocheiro acabou confidenciando-lhe que ainda não tinha feito a Páscoa. O motivo era que não encontrava um padre que fosse do seu agrado. Sim, ele se confessaria de bom grado com o último padre que o tinha atendido em Confissão, muitos anos atrás, porque foi muito compreensivo e o tratou com grande gentileza.

Dom Bosco perguntou: – E quem é aquele padre que o deixou contente ao se confessar?

– É Dom Bosco: não sei se o senhor já ouviu falar dele...

– Claro que sim, porque Dom Bosco sou eu!

O cocheiro arregalou os olhos de surpresa, reconheceu nele o padre de outrora e se dispôs a não faltar à palavra dada: haveria de se confessar! Mas, como fazer naquela situação: não poderia parar a diligência, descer, fazer os viajantes esperar etc.

Dom Bosco resolveu o caso na hora, e lhe disse: – Não tem problema; dê-me as rédeas, eu conduzo os cavalos, enquanto isso o senhor se confessa; lembre-se dos propósitos que fez quando saiu da cadeia...

E assim, enquanto os cavalos trotavam e a diligência deslizava pela estrada, o perdão de Deus e sua misericórdia tomaram conta do coração daquele bom homem.

Dom Bosco não perdia nenhuma ocasião de "pescar" para Deus.

MBp III, 77.

Não basta amar os jovens;
é preciso que eles sintam
que são amados.

47

BATINA E ABSOLVIÇÃO

Nos primeiros anos do Oratório, ao longo da Rua da Jardineira, havia um grande galpão onde se guardavam os meios de transporte da prefeitura. Ali, além dos carroceiros, se refugiavam, à noite, pobres de toda espécie, bêbados, blasfemadores. Durante o bom tempo, era frequente ficarem ao ar livre e se divertirem em meio a uma balbúrdia infernal; eram vizinhos que não inspiravam confiança.

Um dia, Mamãe Margarida estava no balcão limpando a batina nova de Dom Bosco, depois a estendeu no parapeito de madeira e se retirou para o quarto por alguns momentos. O balcão era baixo, e Margarida, ao voltar, viu que a batina tinha sumido. A boa mulher procura Dom Bosco e se queixa da triste e fatal surpresa:

– Certamente é alguém desses que vivem no ócio nesse galpão ao lado.

– E daí?

– É preciso ir lá e recuperar o que me foi roubado.
– Só por isso a senhora quer se expor a um possível vexame?
– E você deixaria que levassem embora uma batina nova, a única que você tem?
– E o que se pode fazer?
– Você é sempre o mesmo! Não se incomoda com nada.
– Esqueça um pouco esses aborrecimentos. Não se inquiete. A pessoa que pegou a batina talvez precise mais do que eu. Da minha parte, se quem a furtou viesse se confessar comigo, eu procuraria ver se tinha firme propósito de não furtar mais, e depois lhe daria de presente a batina e uma grande absolvição.

De fato, sob aquele galpão Dom Bosco tinha conquistado muitos amigos. No tempo pascal, por diversos anos ia ter com eles e com modos muito gentis os convidava a se confessar e dizia-lhes: – Meus amigos, venham, venham quando quiserem, à hora que lhes for mais cômoda, de manhã, de tarde, à noite, noite adentro, e eu estarei sempre pronto para ouvi-los. Somos amigos e com os amigos a gente trata de tudo com toda confiança. Vou deixar preparadas umas garrafas de vinho, do bom: acertadas as coisas da alma, vamos brindar à nossa saúde.

Muitos daqueles pobres homens acorriam a Dom Bosco com sinceridade e sempre encontraram boa acolhida. Terminadas as Confissões, Mamãe Margarida devia providenciar vinho abundante, pois era difícil matar a sede daquela gente.

MBp III, 75-76.

Os três inimigos do homem são:
a morte (que o surpreende),
o tempo (que lhe foge),
o demônio (que lhe arma laços).

48

BLASFÊMIAS COM TAXA

Uma vez, Dom Bosco vinha de Ivrea a Turim em uma diligência. O cocheiro, cada vez que chicoteava os cavalos, largava uma ou duas blasfêmias. Então, Dom Bosco pediu para sentar-se a seu lado. E lhe disse: – Gostaria que o senhor me fizesse um favor, que não blasfemasse mais. Promete?
– Oh! Se for só isso, não blasfemarei mais: sou homem de palavra!
– Muito bem. Se é isto o que o senhor vai fazer, que prêmio deseja?
– Nada. Eu tenho a obrigação de não blasfemar.
Dom Bosco insistiu e o homem então pediu uma gorjeta de quatro soldos; o Santo prometeu 20.
Mais uma chicotada nos cavalos e outra blasfêmia... Dom Bosco lhe chamou atenção.
– Mas que animal eu sou: perdi a cabeça!
– Não fique triste por causa disso. Darei do mesmo modo 20 soldos. Mas daqui para frente, sempre que o

senhor disser uma blasfêmia, os 20 soldos vão baixar de quatro em quatro.

– Muito bem! Esteja certo de que ganharei os 20.

Depois de um trecho de estrada os cavalos diminuíam o passo. O cocheiro os chicoteia e lá vai mais uma blasfêmia,

– Dezesseis soldos, meu amigo!

O pobre homem, envergonhado diz: – Realmente, não consigo me desfazer desses maus hábitos.

Mais um pedaço de estrada, uma chicotada e duas blasfêmias.

– Oito, meu amigo. Já temos somente oito soldos.

– Possível, que esses maus hábitos estejam tão enraizados? Será que eu não sou mais dono de mim mesmo? Além disso, este maldito vício me fez perder 12 soldos...

– Meu amigo, não se entristeça por tão pouco, entristeça-se pelo mal que faz à sua alma.

– Oh! Sim, é verdade, eu faço um grande mal. Mas sábado irei me confessar. O senhor é daqui de Turim?

– Sim. Sou do Oratório de São Francisco de Sales.

– Muito bem. Quero confessar-me com o senhor. Por favor, seu nome?

– Dom Bosco.

– Tudo bem. Iremos ver-nos novamente.

Até Turim o cocheiro disse ainda uma blasfêmia. Por isso, Dom Bosco lhe devia somente quatro soldos, mas o obrigou a aceitar 20, alegando seu esforço.

Cada sábado, Dom Bosco esperava o homem. Passaram-se três; finalmente, no quarto, o homem apareceu.

O cocheiro se apresentou e disse: – O senhor já entendeu, né? E saiba que nos dias passados, em um instante de descuido, pronunciei uma vez o Santo Nome de

Deus, mas depois não blasfemei mais. Decidi jejuar a pão e água toda vez que eu dissesse uma blasfêmia: aconteceu, porém, uma só vez e não quero que se repita.

MBp III, 78-79.

*Ai das comunidades
religiosas em que se começa
a viver como ricos!*

49

CANSAÇO DEMAIS!

Depois de um dia inteiro de ocupações e por causa da escassa alimentação, Dom Bosco quase não tinha mais forças. Os jovens aprendizes, que eram os últimos a sair, lhe diziam muitas vezes: – Venha com a gente até lá fora!
    Tanto insistiam que ele, por fim, os acompanhava. Depois de caminhar com eles um pouco, ameaçava voltar.
    – Mais um pouco, venha com a gente até aquelas árvores. Dom Bosco pacientemente os satisfazia. Chegando ao lugar indicado, ele parava, e aqueles mais de 300 rapazes, pequenos e grandes, o rodeavam e insistiam para que lhes contassem uma história. Dom Bosco se desculpava, dizendo: – Basta, basta; deixem-me ir para casa que estou muito cansado.
    – Não, não, respondiam. Nós cantaremos; o senhor descansa um pouco; depois nos contará uma bela história.
    Enquanto isso, a massa de gente aumentava em torno de Dom Bosco, porque as pessoas, ao passar, para-

vam; também soldados saíam de suas guaritas para se juntar aos outros. Todos estavam ali esperando ouvir o que aquele padre diria. Os jovens cantavam duas ou três estrofes de um canto a Nossa Senhora, depois Dom Bosco subia em uma pedra ou em um montículo de terra e dizia: – Está bem! Conto-lhes ainda um fato e depois vão para casa.

Terminada a história, ele insistia: – E agora, basta: boa noite!

Os jovens e o povo ali reunido respondiam: – Boa noite!

E gritavam até mais não poder: – Viva Dom Bosco!

Então, alguns dos mais fortes, punham-no sobre seus ombros e, cantando, o levavam para casa. Ao entrar no quarto, sentia-se exausto. Muitas vezes, Mamãe Margarida vinha convidá-lo para jantar, mas ele respondia: – Deixe-me descansar um pouco.

E dormia profundamente; até acontecia de ir para o jantar e depois da primeira colherada de sopa, dominado pelo sono, deixar cair a cabeça sobre o prato. Acompanhado até seu quarto, se atirava sobre a cama do jeito que estava, com batina e tudo. Tinha trabalhado seguidamente das quatro da manhã até depois das dez horas da noite.

MBp III, 107-108.

Ninguém é idôneo a mandar, se não for capaz de obedecer.

50

BRIGA DE CIÚMES

Uma vez, Dom Bosco passava perto da igreja de São Lourenço. Apoiados ao muro, havia alguns engraxates e limpa-chaminés. Ao vê-lo, um engraxate exclamou: – Oh! Dom Bosco, venha aqui: quero engraxar seus sapatos.

– Muito obrigado, meu caro, mas agora não tenho tempo.

– Eu engraxo rapidinho!

– Da próxima vez; estou com pressa.

– Não vou cobrar nada. É só para ter o prazer e a honra de prestar-lhe este serviço.

Nesse momento, com ciúmes, um limpa-chaminés o interrompe bruscamente: – Deixe as pessoas ir para onde quiserem.

– Ora, essa! Eu falo com quem eu quero.

– Não, porém, com quem tem pressa.

– Você não tem nada a ver com isso. Eu conheço Dom Bosco, sabia?

E aos poucos a altercação virou briga. Dom Bosco se pôs no meio dos dois e com dificuldade os separou, mas eles se entreolhavam sempre mais furiosos, desafiando-se para decidir quem mais queria bem a Dom Bosco. Por fim, um deles exclamou: – Dom Bosco, diga, quem de nós dois o ama mais?

– Está bem, exclamou Dom Bosco: ouçam. Vocês me propõem uma questão muito difícil. Estão vendo a minha mão? Estão vendo meu dedo polegar e o indicador? A qual dos dois vocês pensam que eu amo mais? Por acaso eu deixaria que me cortassem um de preferência ao outro?

– O senhor quer bem aos dois dedos!

– Da mesma maneira quero bem a vocês dois; vocês são como dois dedos da minha mão; e da mesma maneira amo todos os outros jovens... Por isso, não quero que briguem; venham comigo; não fiquem aí aprontando coisas; não é bonito isso; venham comigo.

E começou a caminhar junto com os dois contendores; com ele puseram-se a caminhar outros limpa-chaminés e engraxates, e atrás dele uma pequena multidão que se tinha reunido ao ver aquela confusão. Desse modo, ele foi andando e conversando até a basílica dos Santos Maurício e Lázaro, onde se separaram, enquanto os jovens foram sentar-se ao sol na escadaria da igreja.

O limpa-chaminés depois foi acolhido no Oratório e se tornou um ótimo jovem, dando grandes esperanças quanto ao futuro.

MBp III, 136-138.

> *O paraíso não foi feito para os vadios.*

51

À CATA DE MENINOS

Dom Bosco não se contentava com que muitos jovens atendessem espontaneamente ao seu convite, mas ele mesmo ia procurá-los. No início, muitas vezes foi visto subir as escadas das casas ou dos prédios em construção, andar pelos andaimes, conversar com os responsáveis pela construção e com os mestres de obras, e depois reunir os ajudantes de pedreiro para convidá-los ao catecismo. As pessoas que passavam pela rua paravam para contemplar aquele espetáculo estranho de um padre lá no alto, andando pelos andaimes e pelas escadas. Alguns exclamavam: – Aquele padre é doido?

Outros perguntavam: – Quem será aquele padre?

Os que o conheciam comentavam nas rodas de conversas que se formavam: – Oh! É Dom Bosco que vai à cata dos meninos para o catecismo.

Ele fazia visita aos proprietários, ou seja, aos chefes das grandes oficinas de algodão, de ferro, de madeira, e lhes pedia que, em seu próprio interesse, deixassem seus aprendizes frequentar o Oratório para o catecismo. Suas razões eram tão convincentes que não encontravam oposição ou obstáculos, e a autorização era concedida de boa mente.

Os jovens, ao meio-dia, iam para casa, almoçavam às pressas, pois não queriam perder um só momento da instrução cristã, corriam de volta para Valdocco a fim de estarem com aquele padre que eles sabiam lhes querer muito bem e, em seguida, já estavam a postos em seu lugar de trabalho na hora marcada.

Os patrões, notando o entusiasmo dos rapazes e como se tornavam mais equilibrados, fiéis, obedientes, concediam-lhes meia hora a mais para se ausentarem do lugar de trabalho, almoçarem com mais calma e sem ansiedade participarem do catecismo.

MBp III, 146.

*Dos outros, falar bem
ou calar completamente.*

52

A PÁSCOA ESTÁ CHEGANDO

Quando Dom Bosco encontrava um menino na porta de casa ou em qualquer outro lugar, parava para conversar com ele: – Como se chama?
– Tiago, Antônio...
– Como está? Bem?
– Eu, sim!
– Quantos anos você tem?
– 9, 10, 12.
– É bom menino?
O pequeno fazia uma careta.
– Tem pai e mãe?
– Sim.
– Há mais alguém em casa?
– Meu avô.
– Tem irmãos, irmãs?
– Sim! 2, 4, 5...
– Quem é melhor: você ou eles?

– Eu!
– Seu pai e sua mãe estão bem?
– Sim!
Ou então: – Meu pai é doente.
– E seu avô é ainda novo?
– Não, é velho!
– Você poderia me fazer um favor?
– Sim!
– Você vai se lembrar?
– Claro!
– Voltando para casa, você dirá a seu avô que Dom Bosco lhe deseja um bom dia; tome essa medalha, leve para o papai e lhe diga que Dom Bosco o cumprimenta!

O rapaz corria para casa muito contente por receber uma incumbência a executar, e o velho avô, o pai, a mãe, ficavam como fora de si pelo prazer dos cumprimentos imprevistos. Se as medalhas eram para toda a família, como ocorria com frequência, fazia-se logo a distribuição em meio à satisfação geral.

Quando, em seguida, Dom Bosco passava diante da casa deles, todos corriam para lhe agradecer os cumprimentos e a bondade. Dom Bosco se entretinha a falar com eles, exortava-os a mandar os meninos ao catecismo e dizia ao chefe da família: – Sábado, o senhor precisa me fazer um favor.

– Imagine se não! Qual é esse favor?
– Mandar sua família se confessar; a Páscoa está chegando.
– Com todo prazer; irei eu também porque preciso, sabe! Faz dois anos que não me confesso.
– Então, venham todos; acertaremos tudo como bons amigos.

– Mas terá que ouvir cada despropósito..., que não existe nem no céu, nem na terra!
– Mas é precisamente isso que eu quero.
E assim, rindo, fazia um grande bem às almas.
Cenas graciosas como essa se repetiam quase todos os dias em Turim.

MBp III, 146-148.

Suas palavras sejam sempre temperadas pela doçura.

53

MUITA CALMA, MUITA PACIÊNCIA

A certa distância do Oratório, algumas casas estavam dispostas em torno de um pátio bastante grande. Ali morava muita gente pobre; as mulheres, em certas horas, reuniam-se para seus trabalhos ou para bater papo. Dom Bosco aparecia no limiar da porta e as cumprimentava, brincando: – Olá! Vocês têm filhos para vender?

– Oh! Dom Bosco: nossos filhos não são mercadoria para negociar!

– Não para mim, mas para Deus, que os quer para si, e depois dará a vocês o prêmio. Por isso, mandem-nos ao catecismo.

E as mães riam e prometiam.

Não se pense, porém, que Dom Bosco, girando de cá para lá a fim de recolher os rapazes das ruas, não tivesse que enfrentar sacrifícios. Nem todos cediam ao primeiro convite. E quem aceitava, nem sempre o fazia com boas maneiras. Devia conversar com pessoas grosseiras nas palavras e nos modos, às vezes com gente importuna que se servia daquele momento para pedir uma esmola, que não era possível recusar.

Além disso, no andar térreo daquelas casas havia bares e botecos e, como consequência, alguns encontros não eram nada agradáveis. Entretanto, Dom Bosco, pessoa tão sensível, suportava tudo com prudente paciência, escondia seu desgosto, não repreendia ninguém quando percebia ser inútil sua presença, era cortês com todos.

Certo indivíduo morava perto do Oratório. Costumava embriagar-se quase todas as semanas; nesse estado se encontrava com Dom Bosco, que lhe chegava perto, e ele dizia:
– Oh! Dom Bosco! O senhor é um bom padre! Eu lhe quero muito bem! Deixe que lhe dê um beijo, por favor, deixe!
– Não, não! Que é isso? Nunca!
– Por acaso, é pecado dar um beijo no senhor que é um padre tão bom? Se fosse ruim, não, mas... Pois bem, eu sei como fazer! Prometo que domingo irei me confessar com o senhor... mas precisa deixar que eu o beije.
– Venha como quiser; eu o ouvirei de boa mente, lhe darei uma penitência leve... E agora me deixe correr atrás de minhas coisas.
– Mas eu não estou bêbado, sabe? Só me sinto um pouco fraco das pernas, porque tomei um gole a mais..., mas estou em plena posse das minhas faculdades mentais. Além disso, se eu tivesse bebido vinho ruim, paciência, mas era do bom, realmente do bom!

E dizendo assim, punha as mãos sobre os ombros de Dom Bosco. Este, com calma e alguma dificuldade, conseguia livrar-se dele, tendo grande cuidado para evitar o mínimo sorriso que pudesse ser entendido como desprezo, ou alguma palavra que pudesse ser mal entendida.

Como ele mesmo contava, evitava criar antipatias, que na vida e também em ponto de morte, às vezes, fazem com que o padre seja rejeitado. De fato, ele era chamado com frequência para assistir moribundos nas redondezas.

Entretanto, esse homem nunca ia se confessar, e no dia seguinte, encontrando Dom Bosco, não acenava nunca à sua promessa.

MBp III, 148-149.

Quem quiser trabalhar com fruto deve ter a caridade no coração e a paciência no agir.

54

A PEDRA FUNDAMENTAL

Em uma tarde de maio chovia torrencialmente. Dom Bosco e sua mãe acabavam de jantar quando se apresenta à porta um rapaz em torno dos 15 anos, molhado da cabeça aos pés, pedindo comida e pousada. Fora encaminhado por alguma pessoa que conhecia o Oratório, ou melhor, pela Providência de Deus, que precisamente naquela noite queria dar início ao "Internato" de São Francisco de Sales.

A boa Mamãe Margarida o acolheu amorosamente na cozinha, colocou-o perto do fogão, e depois de o rapaz se ter aquecido e enxugado a roupa, lhe ofereceu uma sopa quentinha e pão. Feito isso, Dom Bosco lhe perguntou donde vinha, se tinha os pais e que ofício exerce. Ele respondeu: – Eu sou um pobre órfão, acabei de chegar de Valsesia em busca de trabalho como pedreiro. Tinha comigo três liras, mas gastei antes de ganhar outras; agora não tenho mais nada e não sou nada.

Depois de algumas perguntas para captar sua confiança, Dom Bosco disse: – E agora, para onde você quer ir?

– Não sei: peço por caridade para passar a noite em algum canto desta casa.

Dizendo isso, começou a chorar. Vendo as lágrimas, a piedosa Margarida, que tinha um coração terno de mãe, chorou também. Dom Bosco estava extremamente comovido. Depois de alguns instantes, retomou a conversa e disse: – Se eu soubesse que você não é um ladrãozinho, daria um jeito para você ficar nesta casa; mas outro dia alguns jovens que dormiram aqui me levaram embora quase todas as cobertas, e receio que você me leve embora o que sobrou.

– Não, senhor; fique tranquilo; eu sou pobre, mas nunca roubei nada.

Margarida disse a Dom Bosco: – Se você quiser, eu o acolherei esta noite e amanhã Deus providenciará.

– Onde pretende colocá-lo?

– Aqui na cozinha.

Então a mãe e o filho saíram para o pátio e, ajudados pelo rapaz, recolheram alguns tijolos, com eles fizeram quatro suportes no meio da cozinha, ajeitaram sobre eles duas ou três tábuas, puseram ali o colchão do quarto de Dom Bosco com dois lençóis e uma coberta.

Preparada a cama, a piedosa mulher fez uma breve exortação ao jovem sobre a necessidade do trabalho, da fidelidade e da religião. Por fim, ela o convidou a rezar as orações.

O rapaz, corando, respondeu: – Não sei mais!

– Você vai rezá-las com a gente, acrescentou a boa mãe. E pondo-se de joelhos, Margarida e Dom Bosco fizeram com que ele repetisse as orações palavra por palavra.

Desejando-lhe depois bom descanso, saíram dali para repousar também; Margarida, porém, a fim de pôr em seguro suas panelas, teve a precaução de fechar à chave a cozinha e de só abri-la no dia seguinte pela manhã.

No dia seguinte, Dom Bosco procurou para ele um lugar para trabalhar. O felizardo rapaz continuou a ir comer e dormir no Oratório até o inverno, depois voltou para sua terra.

Esse garoto foi a pedra fundamental do "Internato" para meninos pobres no Oratório de Turim.

MBp III, 163-165

*Aos outros perdoe tudo,
a si mesmo, nada.*

55

O CARRASCO

No início de seu ministério, Dom Bosco visitava as prisões de Turim. Um dia, ao sair do lugar onde estavam os presos, e não encontrando nenhum guarda que o acompanhasse até a porta, errou a escada e entrou em uma sala que nunca tinha visto anteriormente. Ali encontrou um homem com sua filha e a mulher, que ao vê-lo entrar, ficaram confusos e mudos. Aquele homem era o carrasco. Dom Bosco deu-se conta do erro e do lugar em que se encontrava e, cordialmente, lhes augurou um bom dia.

Aquelas pessoas, não habituadas a receber visitas e a serem tratadas com respeito, devolveram a saudação e perguntaram o que desejava. Com presença de espírito, Dom Bosco disse: – Olhem, estou bastante cansado e gostaria de uma xícara de café; poderiam me arrumar, por favor.

Diante do pedido inesperado, a família se apressou e, com alegria, respondeu: – Sim, sim; imediatamente!

A filha correu a prepará-lo e o homem olhava para Dom Bosco, encantado, com certa emoção e lhe disse:
– Mas, o senhor, Dom Bosco, sabe em casa de quem entrou?
– Claro que sei; estou na casa de um homem de bem.
– Mas como o senhor se dignou vir à casa do carrasco?
– Sei que o senhor é um bom cristão (e isto era verdade, porque todas as manhãs em que ocorria uma execução capital, ele mandava cinco francos a uma igreja próxima, pedindo para celebrar uma missa por quem iria morrer). Isto para mim é suficiente e quero que sejamos amigos.

Aquele pobre homem que, no decorrer de sua vida, jamais tinha sido tratado cordialmente por uma pessoa importante, estava fora de si e oferecia a Dom Bosco tudo o que tinha em casa. Dom Bosco sentou-se e foi-lhe trazido o café em uma única xícara.

Dom Bosco, agradeceu e disse: – Tragam outra xícara; quero que o tomemos juntos.

O homem respondeu: – Oh! Isso não; seria muita honra! Eu tomar café em sua companhia?

Assim que trouxeram uma segunda xícara, Dom Bosco a encheu e a entregou ao algoz que, a muito custo, conseguiu engolir aquela bebida, porque sentimentos novos e nunca experimentados quase não o deixavam respirar.

Dom Bosco tomou o café, conversou ainda um pouco com eles e depois foi embora, deixando a família encantada com a visita tão inesperada.

MBp II, 161-162.

Como vocês querem que eu descanse, se o demônio não descansa nunca?

56

O QUE QUER DE NÓS?

Dom Bosco, bem visto pelos guardas e amado pelos presos, ia pregar em diversas prisões que havia em Turim. Ordinariamente pregava às quintas-feiras e depois dizia aos detentos: – Voltarei para fazer-lhes uma visita no sábado, mas quero que preparem um belo presente para mim.

– O que senhor quer de nós?

– Algo de grande, muito grande, do contrário, é inútil que eu venha: com misérias de pouco valor eu não saberia o que fazer.

– Pois bem; diga o que quer, pois estamos prontos.

– Cada um em particular me dê seu presente; mas quero grande, bem grande!

Eles logo entendiam que se tratava de confessar-se e se punham a rir.

Um deles começava, brincando: – Pois bem, virei eu que tenho os pecados maiores do que os de todos.

Outro replicava, apontando para um companheiro: — Não, aquele lá: ele aprontou bem mais do que todos nós.

Um terceiro retrucava ao segundo: — Ora, se for por isso, você é o sujeito que fez coisas bem piores do que todo mundo.

E todos insistiam com Dom Bosco: — Sim, venha: haverá lindas histórias para contar e ouvir.

Dom Bosco concluía a conversa: — Assim está bem: que valha a pena sentar-se ao confessionário.

— Não tenha dúvidas; viremos, viremos, sim.

— Já faz dez anos que não me confesso! Eu, 20! Eu, 30!

E todos riam; e Dom Bosco ria com eles. Separavam-se, prometendo reencontrar-se no sábado.

No sábado, Dom Bosco ia às prisões. Os presos que queriam se confessar, estavam em fila, ajoelhados. Nesses momentos, às vezes, ocorriam cenas curiosas, por causa da precedência na fila. Alguém dizia: — É uma injustiça, saia daí. O direito de ser o primeiro é daquele que está lá atrás, o último da fila. Faz apenas seis anos que você se confessou, ao passo que ele já faz 14 anos que não recebe os Sacramentos!

— Mas eu fiz coisas do tamanho do mundo! Entende? Eu tenho direito de ser o primeiro!

— E eu que tenho pecados ainda maiores, não tenho pretensões como você; portanto, dê-me seu lugar.

— Bonito! Quer apostar que eu supero em muito você em questão de patifarias?

A chegada de Dom Bosco encerrava estes diálogos estranhos e começavam as Confissões, que eram breves, essenciais. Às vezes, porém, depois de uma semana de preparação, apesar de terem prometido confessar-se no sábado, Dom Bosco chegava e ninguém ia ter com ele. Mas a caridade triunfava sempre. Quando o primeiro se rendia, sentindo-se feliz depois da Confissão, acabava induzindo os colegas a imitá-lo.

MBp II, 163-164.

A temperança e o trabalho são os melhores guardas da virtude.

57

CONFIANÇA É TUDO

Muitas vezes, aos sábados, Dom Bosco ficava no confessionário 10 ou 12 horas consecutivas. Acontecia com frequência que, sendo já 11 horas da noite ou mesmo meia-noite, Dom Bosco adormecia enquanto confessava. O penitente, ao dar-se conta, calava, não ousava acordá-lo, e depois de esperar certo tempo, acabava por sentar-se no genuflexório.

Dom Bosco, depois de uma hora ou mais, acordava ao ouvir o ronco dos jovens. Eram três ou quatro horas da madrugada. Na sacristia do Oratório acontecia uma cena singular: um jovem dormia ajoelhado com a cabeça encostada no canto da sala; outro, sentado sobre os calcanhares; este, agachado, com a cabeça apoiada nos braços e os joelhos cruzados; aquele, sentado no chão, com as pernas esticadas e os ombros apoiados à parede; alguns, com a cabeça caída sobre os ombros do colega mais próximo; outros, deitados no chão...

Quando Dom Bosco acordava, alguém também despertava, olhava em redor e sorria ao sorriso de Dom Bosco; e as Confissões reiniciavam.

Uma noite, véspera de grande solenidade, aconteceu que, ao dar 10 horas, havia ainda um bom número de penitentes para confessar. Ele continuou, mas em pouco tempo, um depois do outro, todos adormeceram.

O próprio Dom Bosco, dominado pelo sono, se abandonou sobre o braço de um dos penitentes chamado Gariboldi no momento em que o atendia em Confissão. O rapaz tinha as mãos juntas, o antebraço apoiado sobre o genuflexório. Pelas cinco da manhã, Dom Bosco acordou e vendo todos os jovens deitados no chão, dormindo, disse a Gariboldi, que ficara acordado até aquele momento: – Está na hora de irmos dormir. Ao dizer isso, os outros acordaram, e Dom Bosco continuou a confessar.

Em um domingo em que tinha ido pregar fora de casa, os rapazes chegavam em grupos ao Oratório, e não o encontrando na capela, iam direto a Mamãe Margarida: – Onde está Dom Bosco?

– Não está: foi a Carignano. O que vocês querem?

– A gente quer se confessar!

– Ele deixou aqui um padre no lugar dele.

– Nós queremos Dom Bosco. E se metiam na estrada, como se Carignano fosse atrás da porta. Chegavam lá pelas 11 da manhã, empoeirados, cansados, famintos, e logo procuravam Dom Bosco: – Oh, Dom Bosco! Queremos confessar-nos e fazer a Comunhão.

– E ainda estão em jejum?

– Claro!

Naquele tempo, o jejum eucarístico era muito rigoroso: iniciava à meia-noite, e não era permitido nem tomar água...

MBp III, 126-128.

*No fim da vida se colhe
o fruto das boas obras.*

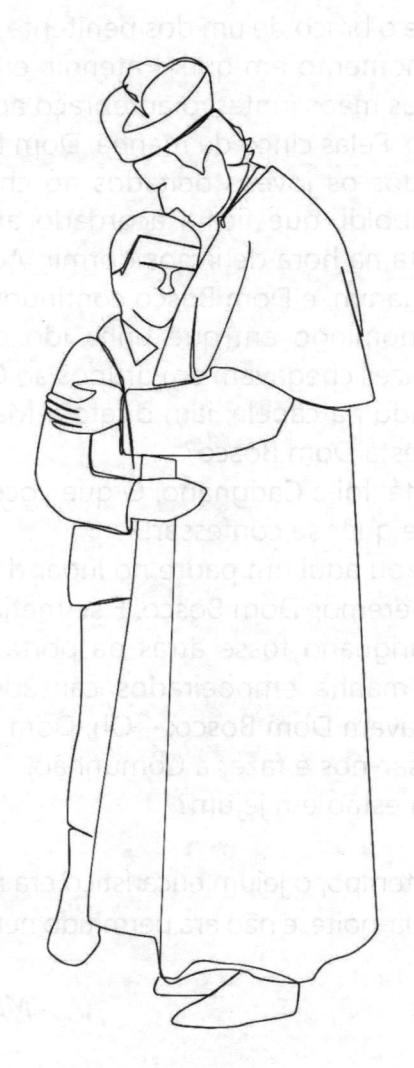

58

OS CRÍTICOS DE SEMPRE

Embora fosse manifesta a sinceridade do zelo de Dom Bosco, nem todos, porém, julgavam correta sua atuação. No inverno de 1845 e 1846, começaram a se propagar certos boatos que provocaram grande aborrecimento, não tanto a Dom Bosco, porém mais aos seus jovens. Até mesmo pessoas sérias julgavam sua obra inútil e perigosa. Algumas más línguas da cidade começaram a qualificar Dom Bosco como revolucionário, como louco, como herege.

Mesmo entre o clero havia os que viam em Dom Bosco algo de grande e extraordinário que não sabiam explicar, especialmente sua prodigiosa atividade e a arte com que ligava a si e dominava as multidões e comentavam: – Ai de nós, ai da Igreja, se Dom Bosco não for um padre segundo o coração de Deus!... Mas será que ele é?

E o hostilizavam, não conseguindo persuadir-se de que ele seguia os impulsos de uma missão que vinha do alto.

Entretanto, vendo que Dom Bosco era mal compreendido e que as próprias autoridades desconfiavam dele, o padre Cafasso fazia de tudo para desvanecer os preconceitos e, ao mesmo tempo, buscar para ele benfeitores e protetores. Este seu empenho em favorecer e ajudar Dom Bosco lhe acarretou mais de uma repreensão, e houve até eclesiásticos eminentes que quanto a este ponto o julgaram equivocado.

Alguns amigos de Dom Bosco, até mesmo afeiçoadíssimos a ele, procuraram o padre Cafasso, seu confessor, sugerindo-lhe que seria um verdadeiro serviço prestado à Igreja se ele pusesse limites precisos a este zelo demasiadamente empreendedor...

O padre Cafasso, sorrindo e com a máxima calma, ouvia essas queixas que, por um motivo ou por outro, chegavam a ele com muita frequência. Depois, em tom grave e acento quase profético, respondia invariavelmente:
– Deixem-no trabalhar, deixem-no trabalhar...

Não havia ninguém em Turim que não reconhecesse no padre Cafasso sua capacidade de conhecer os espíritos: disso dera provas muitas vezes em ocasiões muito delicadas. Contudo, suspeitavam que, no caso de Dom Bosco, seu sentido sobrenatural pudesse estar falhando em algum ponto. E toda aquela gente voltava à carga com tanta constância e tão grande abundância de reflexões, que, no mínimo, parecia seriamente movida por especial preocupação com as coisas de Deus. O padre Cafasso se mostrava sempre afável, bom e cortês. No entanto, única era sempre a resposta, que se tornou célebre, com a qual concluía: – Deixem-no trabalhar!

MBp, II, 298-300.

*A mim agrada mais
uma virtude constante do
que graças extraordinárias.*

59

SANTA INVEJA

Ao entardecer de um dia de domingo, enquanto os meninos, gritando, se divertiam em um prado correndo de cá para lá – Dom Bosco ainda não dispunha de uma sede fixa – apareceu perto da sebe um rapaz com aproximadamente 15 anos que ficava contemplando a cena com ar tristonho e sombrio. Dom Bosco o viu, se aproximou dele e perguntou: – Como é seu nome? De onde você vem? Qual é a sua profissão?

O pobrezinho não dava nenhuma resposta. Dom Bosco suspeitou que fosse mudo e pretendia falar-lhe com a linguagem dos sinais. Tentou mais uma vez e, pondo-lhe a mão sobre a cabeça, perguntou: – O que há com você, meu amigo? Diga-me: você não está bem?

O menino respondeu com uma voz sumida: – Tenho fome!

Logo se providenciou pão para refazer as forças. Depois, Dom Bosco o fez falar e lhe perguntou: – Você não tem pais?

– Tenho, mas estão longe.
– Em que trabalha?
– Como seleiro, mas porque tenho pouca habilidade, fui despedido.
– E não procurou outro trabalho?
– Procurei ontem o dia todo; não tendo conhecidos nesta cidade, não consegui encontrar nada.
– Para onde você ia quando parou aqui?
– Já faz algumas horas que eu tinha vontade de roubar.
– Não pediu esmola a ninguém?
– É claro que pedi; mas, ao me verem tão novo, todos resmungavam, dizendo: – Sadio e forte como você é, vá trabalhar, em vez de ficar sem fazer nada. E não me davam nada.
– Em que você pensava enquanto estava olhando?
– Eu dizia para mim mesmo: Como são felizes estes meninos, e fiquei com inveja; queria juntar-me a eles, mas não tinha coragem.
– De hoje em diante, você quer vir aqui todos os domingos?
– Se o senhor me deixar, virei com muito gosto.
– Venha, então; você será sempre bem-vindo. Entretanto, esta noite, para jantar e dormir eu providenciarei. Amanhã levarei você a um bom patrão e você terá casa, pão e trabalho.

Não é preciso dizer que este jovem foi sempre assíduo ao Oratório até 1852, quando foi prestar serviço militar. Manteve-se sempre afeiçoado a Dom Bosco, cuja benevolência e solicitude paternal o tinha tirado do perigo de uma má vida.

MBp II, 321-322.

> *É preciso agir como se
> nunca tivéssemos de morrer,
> e viver como se tivéssemos
> de morrer todos os dias.*

60

A EFICÁCIA DE UM CAFÉ

Em 1847, Dom Bosco, em uma manhã, caminhava fora de Porta Nova entre montes de ferro velho, fossas, terrenos baldios. Ali se encontrou com quatro jovens entre os 22 e 26 anos. Os rapazes o pararam, fingindo amabilidade, e lhe disseram: – Ouça, por favor, senhor padre: este aqui diz que eu não tenho razão, e eu digo que tenho razão: decida o senhor quem tem e quem não tem razão.

Dom Bosco, vendo que tinham feito dele um joguete, armou-se de astúcia e lhes disse: – Escutem: aqui, de repente, não posso decidir nada. Então vamos tomar um café no bar São Carlos e ali eu decidirei.

– O senhor paga?

– Claro que pago, afinal sou eu que estou fazendo o convite.

Lá se foram conversando como velhos amigos. Chegando perto da igreja de São Carlos, Dom Bosco lhes

disse: – Eu prometi pagar um café e pagarei; entretanto, sendo padre, quero pagá-lo como padre: então, primeiro vamos entrar nesta igreja e dizer só uma *Ave-Maria*.
– O senhor está inventando desculpas!
– Não, não. Pago o café, mas primeiro quero que digamos juntos uma *Ave-Maria*.
– Depois o senhor vai entoar o terço...
– Estou dizendo: só uma *Ave-Maria*.
Entraram na igreja, se ajoelharam. Feita uma oração, foram tomar o café. Dom Bosco pagou. Saindo do bar, fez-lhes outro convite: – Agora eu gostaria que viessem tomar um refresco na minha casa.
Aceitaram. Dom Bosco os levou ao Oratório. Ali, ele abriu o jogo: – Digam-me sinceramente: quanto tempo faz que vocês não se confessam? Com a vida que vocês levam, se a morte os surpreendesse nessa situação, o que seria de vocês?
Os jovens se entreolharam. Depois ficaram olhando para Dom Bosco, que continuava sua pequena pregação. Finalmente um deles exclamou: – Se a gente encontrasse um padre como o senhor, claro que nos confessaríamos, mas...
– Se é por isso, aqui estou eu.
– Mas agora não estamos preparados.
– Pensarei eu em prepará-los.
E tomando um pela mão, puxou-o para um genuflexório, e lhe disse: – Aqui, aqui. Será tudo rápido. Enquanto isso vocês três se preparem.
Três deles se confessaram com sentimentos de verdadeira compunção. O quarto não se dobrou, alegando não estar preparado. Quando partiram, todos prometeram a Dom Bosco que voltariam para visitá-lo.

Uma *Ave-Maria* recitada por Dom Bosco produzia sempre efeitos surpreendentes.

MBp III, 71-73.

*A música dos jovens
deve ser ouvida com o coração,
não com os ouvidos.*

61

ENTÃO ESPERAREI!

Em 1868, o jovem César Bardi, que morava com seu tutor, estava em fim de vida e seus tutores não queriam chamar o padre para administrar-lhe os últimos Sacramentos. Entretanto, a notícia sobre a gravidade do mal do pobre jovem se espalhou. O pároco já tentara duas vezes visitá-lo, mas em ambas fora barrado. Por sorte, uma mulher corajosa, ao saber do caso, correu para informar Dom Bosco que um seu ex-aluno de Lanzo estava no fim de vida e lá não se queria chamar o padre.

Dom Bosco foi imediatamente bater à porta. O criado, embora fazendo sinal com a mão de que a situação era difícil, mandou que entrasse e chamou o patrão. Este se fez esperar por certo tempo. Finalmente apareceu e, com fria gentileza, perguntou-lhe o motivo da visita: – Eu vim para ver o jovem doente.

– Está dormindo, não convém acordá-lo!

– Então esperarei!...
A resposta não agradou. Dom Bosco percebeu, mas convencido de que era preciso mostrar-se decidido, não mudou de ideia... Depois de longa espera, apareceu a senhora para dizer-lhe que César continuava dormindo, de modo que era inútil esperar.
Dom Bosco então falou ainda mais claramente: – Escute! César foi confiado a nós no Colégio de Lanzo, que está sob a minha direção. Portanto, tenho motivos para visitá-lo, tanto mais que sempre tivemos um relacionamento muito próximo e confidencial, mais do que a senhora pode imaginar. Tenho certeza de que ele quer me ver. É preciso que eu o veja pelo menos um instante, e não posso ir embora sem isso. Caso a senhora me proíba, eu posso também apelar para as autoridades...
– Mas, o médico proibiu!
– Pois bem, então permita que eu vá procurá-lo por minha conta, dado que a senhora não pode ou não quer levar-me até ele! Girarei por toda a casa até encontrá-lo.
– Se é assim, para que não haja estardalhaço... Vou ver se ele acordou.
Ela foi. Depois de falar com o marido, também pelo medo que lhe causou o criado que era um bom cristão, voltou, e convidou Dom Bosco a entrar no quarto do doente, com a recomendação da não fazê-lo falar. O pobre moço, apenas o viu, se ergueu, sentou-se na cama, lhe atirou os braços ao pescoço, beijou-o diversas vezes, exclamando: – Muito obrigado, Dom Bosco, muito obrigado! Muito obrigado por ter vindo visitar-me... Quero confessar-me, eu o esperava! Quero confessar-me!
Dom Bosco disse aos presentes: – Por favor, deixem-me um instante com ele, retirem-se por um momento.

O jovem se confessou, ficou radiante de alegria. Inclusive quis pregar na parede uma estampa de Nossa Senhora, e nunca parava de olhar para ela com amor.

Quando saiu, Dom Bosco foi tratado com grande gentileza. Foi-lhe servido até um drinque dos bons...

O jovem, sereno e tranquilo, veio a falecer umas duas ou três semanas depois.

MB X, 13-15.

Não considere como amigo aquele que elogia você demais.

62

NÃO PRECISA!

Em uma ida de Dom Bosco ao Borgo San Martino, aconteceu durante a viagem um curioso episódio. No mesmo compartimento em que estava Dom Bosco havia dois senhores que começaram a falar dele, sem o conhecerem. Um deles, entusiasmado pelas suas obras, falava todo o bem possível, ao passo que o outro, não só mostrava não ter por ele nenhuma estima, mas era fortemente crítico a respeito do seu apostolado.

O debate se tornou vivaz, e um deles, para encerrar o assunto, vendo em um ângulo, todo recolhido, um sacerdote, disse ao outro: – Muito bem, aqui está um padre, deixemos com ele a decisão da questão. O que ele disser, nós aprovaremos.

– Concordo, disse o outro.

O primeiro voltou-se para Dom Bosco, e continuou: – E o senhor, reverendo, perdoe se o fazemos entrar na nossa discussão, mas um padre é sempre verdadeiro juiz. Donde o senhor vem?

– De Turim.
– Pertence àquela Diocese?
– Aliás, eu moro em Turim.
– O senhor conhece Dom Bosco?
– Sim, conheço, muito intimamente.
– Portanto, diga-nos imparcialmente: quem de nós dois tem razão?

Voltando-se para um, o Santo respondeu: – Pois bem, o senhor disse demais: Dom Bosco não é um anjo; os anjos não moram na terra, ficam no céu.

Voltando-se para o outro, acrescentou: – O senhor também exagerou: Dom Bosco certamente não é tão malvado a ponto de ser um demônio.

– Então, qual é a conclusão?

– Dom Bosco é um pobre padre, que poderá errar, mas, o pouco que faz, faz com boas intenções de fazer o bem ao próximo.

Nesse meio tempo, o trem chegou a Borgo San Martino. Dom Bosco desceu e viu correr ao seu encontro padres e clérigos, exclamando festivamente: – Dom Bosco! Dom Bosco!

Aquele senhor que tinha falado mal dele ficou muito mortificado, desceu, e correu para pedir-lhe desculpas. Dom Bosco, com seu amável sorriso, lhe disse gentilmente: – Não precisa, não precisa! Mas quando o senhor quiser criticar alguém, esteja atento para que a pessoa criticada não se encontre por perto e ouça o que diz!...

MB X, 129-130.

*A Deus não agradam
as coisas feitas por força.
Ele, sendo Deus de amor,
quer que tudo se faça por amor.*

63

LETRA RUIM, MAS...

Em 1871, estando em Santo Inácio, no alto de Lanzo, para os exercícios espirituais (entre 9 e 20 de agosto), Dom Bosco, nas horas livres, estava sempre escrevendo, respondendo cartas a muitas pessoas e tratando dos seus afazeres. Informado de que os senhores Prefumo e Varetti tinham encontrado uma casa para o sonhado internato em Gênova, a fim de acolher meninos pobres, redigiu o estatuto e fê-lo copiar pelo senhor Bartolomeu José Guanti, que depois se tornou sacerdote. Esse senhor foi acomodado em um quarto contíguo ao quarto de Dom Bosco, que era encarregado de soar a campainha para os diversos momentos do retiro.

Mais tarde, o padre Guanti testemunhou que Dom Bosco era o mais procurado dentre os sacerdotes para as Confissões; e também que, entrando em seu quarto, nunca viu sua cama desfeita, dado que ele só repousava algumas horas por noite, acomodado em uma poltrona de esteira.

Desde o segundo dia, Dom Bosco pediu ao senhor Guanti o favor de transcrever o Regulamento que ele mandaria imprimir e que estava corrigindo para o futuro Colégio de Marassi. O homem aceitou o encargo com alegria, mas na transcrição, era frequente não conseguir decifrar e compreender a sua letra, de modo que repetidamente devia pedir-lhe explicações. De fato, a letra de Dom Bosco com frequência era indecifrável.

Dom Bosco o atendeu repetidamente, mas vendo que bater com frequência à sua porta perturbava as Confissões, ele disse: – Veja, ter que vir aqui seguidamente nos faz perder tempo aos dois; por isso, de agora em diante, quando você encontrar alguma expressão obscura que necessita de explicação, diga somente: – *Maria, Auxilium Christianorum, ora pro nobis*, e verá.

E o que aconteceu? Com grande maravilha para o copista, ao pronunciar a jaculatória sugerida por Dom Bosco, não precisava mais recorrer a ele, e podia continuar seu trabalho sem problemas.

MB X, 177-178.

Quem confia em Maria Santíssima jamais se sentirá desiludido.

64

DINHEIRO DEMAIS!

O padre Paulo Àlbera, futuro sucessor de Dom Bosco, com dois clérigos, devia partir para a abertura da casa de Marassi (Gênova). Indo cumprimentar Dom Bosco para ouvir dele ainda uma boa palavra e receber a sua bênção, o Santo exclamou: – Então, estão indo a Gênova para abrir um internato para os jovens mais pobres e abandonados!...

Um deles comentou: – Mas com que meios?

– Não se preocupem com nada. O Santo Padre lhes manda sua bênção, ponham toda a sua confiança em Deus. Ele providenciará. À sua chegada, encontrarão quem preparou hospedagem, onde começarão a sua missão.

O padre Àlbera, que era o ecônomo no Oratório, tinha reservado um pouco de dinheiro para as primeiras necessidades. Dom Bosco lhe perguntou se precisava de alguma coisa.

– Não, Dom Bosco, agradeço; já tenho comigo 500 liras.
– Oh, meu caro! Não é necessário tanto dinheiro! Por acaso a Divina Providência não está também em Gênova? Vá tranquilo, a Providência pensará também em você, não tenha medo.
E tirou da gaveta algumas liras, o puro necessário para a viagem, e pediu que o padre Àlbera lhe entregasse as 500 liras.
O padre Àlbera partiu com os dois companheiros, levando em uma bolsa tudo o que era seu e suas roupas. Em Gênova eram aguardados na estação por alguns senhores da Conferência de São Vicente de Paulo que quiseram que tomassem logo alguma coisa e depois os conduziram à vila do Sen. José Cataldi, alugada para sua residência em Marassi. Os primeiros dias foram muito pesados, desprovidos de tudo como estavam. Passaram mais de uma noite em uma cadeira de madeira, não dispondo ainda de uma cama onde deitar.
De fato, apenas divulgada a notícia da abertura daquele instituto de beneficência, onde os jovens pobres podiam encontrar acolhida, receber uma boa educação e, ao mesmo tempo, aprender uma arte ou um ofício para levar adiante de forma honrada a própria vida, não demorou muito que vários benfeitores generosos e também bons cidadãos daqueles lugares porfiassem em providenciar o necessário.
Era a Providência Divina garantida pela palavra de Dom Bosco.

MB X, 190-191.

> *Buscai almas,
> não honras e dignidades!*

65

AGORA DESCANSO...

Em uma breve permanência em Gênova, Dom Bosco fez e recebeu várias visitas. Entre os que o visitaram esteve também o cônego Ampugnani. Este morava em Marassi e o tinha ajudado na compra do Colégio de Alassio. Veio desculpar-se, se antes não o tinha cedido a Dom Bosco, como fora acertado sigilosamente, sendo ele simples comprador fiduciário. Dom Bosco, mudando de conversa, lhe perguntou: – E agora, o que faz?
– Eu?... Nada!... Descanso!
– Como? Descansa? O senhor que tem saúde e ainda é jovem?
– Trabalhei muito na América, e agora descanso.
– E não sabe que o descanso do padre é o paraíso? E que prestaremos contas apertadas a Deus por não ter trabalhado e pelo tempo perdido?
O cônego ficou tão impressionado com aquelas palavras que não achava a porta para sair. No dia seguin-

te, voltou ao internato para dizer ao padre Àlbera que lhe desse um trabalho: tocar piano, dar aula de música, pregar... E dizia: – Porque Dom Bosco me disse palavras terríveis!

Dom Bosco encontrou-se também com o superior geral da Ordem dos Mínimos de São Francisco de Paula, homem doutíssimo, que era pároco naquela povoação. Cumprimentando-o respeitosamente, disse-lhe: – Padre, o senhor terá muito que fazer como superior geral da Ordem.

– Pouco ou nada; somos poucos, sabe.
– Quantos noviços têm?
– Nenhum!
– E quantos estudantes?
– Nenhum!
– Mas, como? E o senhor não se preocupa em impedir que uma Ordem tão benemérita, que ainda não realizou a finalidade pela qual seu fundador a erigiu e que possui ainda tantas profecias gloriosas para serem cumpridas?
– Mas não se encontram vocações!
– Se o senhor não encontra vocações na Itália, vá à França, vá à Espanha, vá à América, à Oceania, e encontre quem se associe ao senhor para perpetuar uma Ordem tão ilustre como aquela à qual o senhor pertence. O senhor tem uma gravíssima responsabilidade, uma grande prestação de contas a dar a Deus! Quantas fadigas, quantos sofrimentos teve que suportar seu fundador, São Francisco de Paula, para erigir a sua Ordem! E o senhor permitirá que resultem vãs tantas orações, tantas fadigas, tantas esperanças?

Ao falar essas coisas, Dom Bosco tinha assumido um aspecto tão imponente, tão imperioso, e um acento tão vibrante, que o bom padre geral estava ali diante dele, como aniquilado, e prometeu que faria de tudo para encontrar seguidores.

Grande era o amor que Dom Bosco tinha por todas as Ordens Religiosas!

MB X, 367-368.

Ser bom cristão não consiste em não cometer faltas, mas na vontade de se corrigir.

66

TODO MUNDO CONTRA

Os apuros financeiros que se agravavam cada vez mais sugeriram a Dom Bosco recorrer a um meio singular para poder ir adiante, que em seguida foi considerado uma inspiração celeste. Uma noite, falando aos seus rapazes, disse: – Tenho um projeto que vai ser bom para vocês. Rezem e, se der certo, direi qual é.

O projeto consistia em uma espécie de coleta com bilhetes numerados a serem adquiridos por benfeitores ao preço de dez liras cada um, a título de esmola, com prêmio, mediante extração, de um quadro de Nossa Senhora de Foligno. Tendo reunido o padre Rua, o padre Sala e o padre Provera, expôs a eles suas ideias a respeito dessa espécie de rifa.

Ouvindo isso, lhe responderam: – Mas como? Não vê que estão todos cansados de rifas? É um meio usado continuamente que já perdeu sua eficácia.

– No entanto, faltando dinheiro e não sabendo onde buscar...

E bombardearam Dom Bosco de perguntas:
- Quanto vai custar cada bilhete?...
- 50 centavos?
- Uma lira?
- Uma lira parece demais!

Dom Bosco declarou: - Nós fixaremos o preço de cada bilhete em dez liras!

Todos exclamaram maravilhados: - Dez liras?!

O padre Provera comentou: - Dez liras por bilhete? Ninguém vai comprar. É impossível!

Todos eram contra e não aprovavam a proposta. Mas Dom Bosco concluiu: - Se o preço fosse mais baixo, teria o aspecto de uma verdadeira rifa, e precisaria esperar muito tempo para ter a aprovação do governo, e pagar a taxa. Ao passo que nós temos urgência para acudir às necessidades em que nos encontramos de pão e de roupas!

Ao mesmo tempo, determinou que os diretores dos diversos colégios fizessem chegar aos pais dos alunos a seguinte deliberação:

- O aumento dos preços em todo tipo de alimentos obrigou esta direção a fazer um pequeno aumento na pensão fixada pelo estatuto. Ou esta aumenta, ou então será preciso modificar o tratamento à mesa. Não desejando absolutamente fazer essa modificação, pelo contrário, querendo, na medida do possível, melhorar a qualidade da comida, tomou-se a decisão de introduzir um pequeno aumento de cinco francos mensais, a começar do próximo mês de janeiro de 1873. Esta variação é temporária, e assim que os alimentos voltarem aos preços normais, também a pensão voltará a ser como era antes. Espera-se que V. S. acolha de bom grado esta decisão, que se considerou indispensável para poder continuar a usar os cuidados para com a saúde, a moralidade, o progresso científico que os nossos alunos requerem.

Dom Bosco ia para frente, procurando sempre e pedindo ajuda a todo tipo de pessoas, como se devesse fazer tudo sozinho, mas com grande tranquilidade e com o mais confiante abandono à Divina Providência, como se soubesse, que, em todo caso, ela não demoraria em providenciar!

MB X, 405-406.

*Não há prato melhor
do que uma boa acolhida.*

67

CARDEAL?

No Vaticano, a fama de santidade de Dom Bosco era sempre maior. Pouco depois de voar para o céu, no dia 14 de março de 1888, o professor João Lorini enviou ao padre Rua a seguinte declaração:
– Em abril de 1874, encontrando-me em Roma, por meio do meu ilustre amigo, o marquês Augusto da Baviera, tive a elevada honra de ser especialmente apresentado a sua santidade Pio IX e ao cardeal Antonelli. Ora, naquela tarde de abril, enquanto eu me encontrava em colóquio com o cardeal Antonelli, a conversa se encaminhou a respeito de muitos prelados lombardos e piemonteses. Naturalmente, nossa conversa caiu sobre Dom Bosco, suas obras milagrosas e o grande bem que fazia à humanidade. Recordo que naquela tarde me permiti perguntar a Antonelli: – Diga-me, Eminência? Por que ainda não fez cardeal aquele santo homem que é Dom Bosco?

Antonelli, com um sorriso, a meia voz, respondeu-me: – É... meu caro! Já lhe escrevemos muitas vezes nesse sentido, e seríamos felizes em tê-lo entre nós no colégio cardinalício... mas... Dom Bosco nunca quis saber de aceitar.

No dia 27 de abril do mesmo ano, enquanto eu voltava a Tortona, então lugar da minha residência, tocou-me a sorte de encontrar na estação de Alexandria o venerando Dom Bosco. Ele estava lá em um ângulo da sala de espera, modesto como sempre, fugindo das demonstrações e dos cumprimentos. Eu corri imediatamente até ele. Depois de muita conversa, julgando propício o momento de falar-lhe do meu encontro com o cardeal Antonelli, eu lhe disse do grande desejo que havia em Roma de tê-lo no colégio dos Cardeais.

Ao ouvir essas palavras, Dom Bosco, com aquela afabilidade toda sua, entre grave e brincalhão, respondeu-me: – É... caro Professor... se eu fosse cardeal, o que seria de mim? Mais nada. Ao passo que como simples padre, veja, ainda posso fazer um pouco de bem.

MB X, 565-566.

Também as pequenas coisas devem ser feitas com calma e bem.

68

AS CASTANHAS ACABARAM!...

No início de novembro de 1849, Dom Bosco levou todos os jovens do Oratório de São Francisco de Sales, aproximadamente 600, a visitar o cemitério e rezar pelos mortos. Prometeu que na volta comeriam castanhas. Mamãe Margarida, porém, pensando que o filho não precisaria de muitas, só cozinhou pequena quantidade. José Buzzetti se deu conta do problema, mas...

De repente, chegam os jovens e Dom Bosco começa a distribuição. Buzzetti esvazia o tacho de castanhas dentro de um cesto e o segura. Dom Bosco, crendo que houvesse castanhas para todos, enche generosamente o boné de cada um. De repente, Buzzetti grita: – Dom Bosco, desse jeito não dá, não temos castanhas para todos!

Dom Bosco responde: – Que é isso? Minha mãe comprou e cozinhou três sacos!

– Não, não; ela cozinhou só estas aqui, só estas!

Dom Bosco, porém, não quis diminuir a quantidade de castanhas para cada jovem e disse tranquilamente: – Vamos continuar a dar aos outros a mesma quantidade que demos aos primeiros. Buzzetti, aflito, olhava para Dom Bosco e para o fundo do cesto, enquanto as castanhas iam sumindo, ao passo que dois terços dos rapazes ainda esperavam na fila...

Aos gritos de alegria sucedeu um silêncio de ansiedade, pois os que se achavam perto viram que o cesto estava praticamente vazio. Entretanto, Dom Bosco, em silêncio, continuou a distribuir castanhas como se houvesse de sobra. Buzzetti estava fora de si ao ver que as poucas castanhas no fundo do cesto pareciam nunca acabar... Naquela tarde, em torno de 400 jovens receberam castanhas... multiplicadas por Dom Bosco!

A voz do milagre correu pelos pátios... Não foi fácil acabar com a gritaria: Dom Bosco é um Santo!

MBp III, 576.

Vocês querem que eu lhes indique um modo de fazer um pouco de penitência? Façam jejuar os seus olhos.

69

FALAR COM DOM BOSCO

Em cada momento, lugar e circunstância, a bondade de Dom Bosco era especial.

Em 1871 começou a frequentar o Oratório de Valdocco um jovem operário, Francisco Alemanno, que com a família se tinha mudado para Turim. O pai era sacristão da igreja da Imaculada no Borgo San Donato e o jovem ia ajudar a missa todas as manhãs no Instituto do Bom Pastor. Convidado a ir ao Oratório, logo conheceu Dom Bosco. Era dia de premiação, e o Santo fez a distribuição dos prêmios. Depois das celebrações de igreja houve também uma pequena rifa; Alemanno ganhou uma gravata, que logo pôs ao pescoço.

Vendo, Dom Bosco lhe perguntou: – Como você se chama?

– Francisco Alemanno.

– Faz muito tempo que frequenta o Oratório?

– É a primeira vez!

— Já conhece alguém aqui?
— Só o padre que todas as manhãs reza a missa no Bom Pastor.
— E Dom Bosco, você conhece?
O menino balbuciou alguma coisa, depois levantou timidamente o olhar, e disse: — Dom Bosco é o senhor!
— Como é que você sabe?
— Ora essa!
— Você conhecerá Dom Bosco se deixar que ele faça o bem à sua alma.
— É precisamente isso que eu quero, um amigo que cuide de mim.
— Então, concluiu Dom Bosco, nesta tarde você ganhou uma gravata; com ela eu amarro você ao Oratório de tal modo que nunca mais vá embora daqui.

O jovem Alemanno, de fato, sempre frequentou o Oratório, tornou-se salesiano e fez logo os votos perpétuos; faleceu no dia 5 de setembro de 1885.

Em 1871 foi recebido como estudante Paulo Perrona, com 11 anos. Muito tímido, não conhecendo ninguém, ficava em algum canto, meio triste, vendo os outros se divertir. Um dia, depois da missa, durante o café da manhã, apoiado a uma coluna do pórtico, viu sair da igreja um padre que logo foi rodeado por rapazes que, de todas as partes, corriam a ele: cumprimentava a todos, perguntava uma porção de coisas e tinha uma palavra para todos.

Perrona perguntava a si mesmo: "Quem será esse padre?"

Chegou perto e ouviu o padre explicar: — Se você quiser ser amigo de Dom Bosco, procure ser *a*, mais *b*, menos *c*. Sabe o que quer dizer?... Vou lhe explicar: — Seja *a*, quer dizer *a*legre, mais *b*, isto é, *b*om, menos *c*, quer dizer menos *cattivo* (mau). Esta é a receita para ser amigo de Dom Bosco.

O pequeno Perrona disse consigo mesmo: "Será que é ele Dom Bosco?"

Mas não teve tempo de dizer mais nada porque Dom Bosco se voltou para ele e, carinhosamente, lhe perguntou: – Quem é você? Como se chama? Quando é que chegou?

– Eu sou Paulo Perrona, de Valperga, e faz dois ou três dias que estou aqui.

– Você também quer ser amigo de Dom Bosco?

– Claro que gostaria, mas ainda não sei quem é Dom Bosco.

Ouvindo essa resposta ingênua, os outros começaram a rir; sopravam-lhe ao ouvido e o cutucavam, dizendo que Dom Bosco era o padre que estava falando com ele.

Então tirou o boné, e abrindo seu coração à confiança e até mesmo à alegria, disse que queria muito ser amigo de Dom Bosco e que, vindo do interior, não desejava outra coisa.

– Muito bem, disse Dom Bosco, estou contente com o que me diz. Agora você sabe quem é Dom Bosco?

– Dom Bosco é o senhor!

– Sabe o que ele quer de seus filhos?

– Que sejam todos *a*, mais *b*, menos *c*...

– Bravo! Se fizer assim, nós teremos uma bela amizade.

Talvez quisesse dizer ainda alguma coisa, mas naquele momento chegou um senhor para falar com Dom Bosco, que só teve tempo de dizer: – Pergunte aos colegas como se deve fazer para falar com Dom Bosco.

E começou a conversar com aquele senhor, subindo lentamente a escada sob o pórtico. O menino o acompanhou com o olhar, sorrindo, o coração em paz, como se fosse um raio de sol depois de longa temporada de chuva.

Apenas Dom Bosco o deixou, correu para junto dele um rapaz que lhe fez companhia, e muitas perguntas... O novato criou coragem e lhe perguntou se sabia levá-lo até Dom Bosco. O colega lhe disse: – Se quiser vir comigo, eu levo você já.

E o levou para a sacristia; mostrou-lhe uma bela cadeira estofada sob o grande Crucifixo, com dois genuflexórios ao lado; explicou-lhe que ali Dom Bosco costumava confessar, e que era precisamente ali que ele o esperaria para conversar. O menino, contente, agradeceu, e a partir daquele momento começou a se preparar para falar com Dom Bosco, como tinham acertado. De fato, na manhã seguinte, chegou perto de Dom Bosco e pela primeira vez se confessou. Dom Bosco haveria de ser seu benfeitor, seu pai, seu amigo, seu tudo, para guiá-lo para Deus.

MB X, 1008-1011.

Qualquer fadiga é pouca quando se trata da Igreja e do Papa.

70

ENTRE PELA PORTA DA IGREJA...

Francisco Picollo, de Pecetto Torinese, entrou para o Oratório no início de agosto de 1872. Naqueles dias Dom Bosco estava ausente, e o rapaz fez amizade com o padre Pedro Racca. Quando o Santo voltou, o padre Racca lhe apresentou o novato. Francisco, acanhado, estava escondido atrás do padre. Dom Bosco, sorrindo, lhe disse: – Meu amigo, você tem medo de Dom Bosco? Então fique com o padre Racca, que eu ficarei contente do mesmo jeito.

O padre Racca depois foi destinado à casa de Sampierdarena (Gênova). O menino, entristecido, não parava de chorar. Então, Dom Bosco mandou lhe dizer que se quisesse ir com o padre Racca podia ir, que ele ficaria contente do mesmo jeito. O rapaz logo se acalmou e dizia que se sentia feliz por ficar com Dom Bosco. De fato, acabou tocando com a mão a sua bondade quando frequentava a segunda série ginasial.

Ele mesmo conta o episódio: – Um dia, minha boa mãe veio me visitar. Conversou comigo durante o recreio depois do almoço. Entre outras coisas, me falou da pena que sentia por ter dito ao padre Bologna, ecônomo da casa, que tivesse paciência porque no momento não tinha condições de pagar a pensão, mas que a pagaria assim que vendesse o vinho. Mas o padre Bologna respondeu: – Se não pagar a pensão, terei que mandar seu filho embora.

Minha mãe chorava por causa dessa ameaça e eu, devendo ir à aula, deixei-a em meio às lágrimas. Depois das aulas, fui chamado pelo porteiro. Para minha maravilha, minha mãe ainda estava lá e queria me ver. Corri para a portaria e a encontrei toda contente, como se tivesse conquistado uma vitória. Então ela falou:– Veja, Chiquinho, eu não choro mais, e você também fique contente, porque estive com Dom Bosco, e Dom Bosco me disse: – Minha boa senhora, não chore! Diga ao seu filho que se o padre Bologna o mandar embora pela portaria, que ele volte e entre pela porta da igreja, porque Dom Bosco nunca irá mandá-lo embora!

MB X, 1011-1012.

O coração do jovem que vive no pecado é como o mar em contínua agitação.

71

DIGA AO PAPA!

Não é de admirar que entre os jovens do Oratório ocorressem fatos singulares e, inclusive, extraordinários. Na escola de um Santo como Dom Bosco, floresciam lírios e se formavam verdadeiros anjos, dos quais às vezes Deus se servia para se comunicar com seu Servo fiel!

Em 1871, estando no pátio rodeado de muitos jovens que sabiam que em breve ele iria a Roma, um deles, levantando-se na ponta dos pés, disse-lhe com muita clareza ao ouvido: – Diga isto e isto ao Papa!

Terminado o recreio, Dom Bosco foi para o seu aposento, mandou chamar o menino e lhe pediu para repetir o que tinha dito no pátio. O rapaz respondeu: – Mas eu não lhe disse nada!...

Nesse ínterim, Dom Bosco foi a Roma e esqueceu totalmente a incumbência recebida. Apenas voltou para o Oratório, aproximou-se dele o mesmo menino e lhe disse: – Dom Bosco, eu lhe tinha dito para dizer isto e isto ao Papa! Cumpra de verdade a minha incumbência!

O Santo o chamou de novo para perguntar-lhe a mesma coisa, e o rapaz respondeu: – Mas eu não lhe disse nada! Eu não sei de nada!...

A resposta foi dada com tanta ingenuidade que ele não quis insistir. Todavia, convencido de que, em ambos os casos, pela boca daquele jovem Deus tinha falado, voltando a Roma, cumpriu a incumbência junto ao Papa. Não sabemos quem era esse rapaz, só sabemos que se fez salesiano, sacerdote e missionário.

Outra vez, Dom Bosco estava preocupado com um problema muito grave, sem saber que decisão tomar. Foi rezar a missa e no momento da elevação surgiu na sua mente a maneira de resolver a dificuldade. Ele fica tranquilo e agradece a Deus. Terminada a missa, na sacristia, o jovem acólito se aproxima e lhe diz: – Siga a solução que surgiu na sua mente no momento da Elevação!

Dom Bosco fica estarrecido, vai para seu quarto, chama o jovem, que lhe responde... que não se lembrava de lhe ter dito coisa alguma!

Não faltaram outros episódios extraordinários para comprovar a vida santa de muitos no Oratório. Uma vez, ao acompanhar um padre forasteiro a visitar o altar de Maria Auxiliadora, encontrou um jovem atrás do altar-mor, elevado no ar, em arroubos de adoração. Quando Dom Bosco apareceu, o rapaz ficou petrificado e voando como uma pluma ao vento foi ajoelhar-se aos pés do Santo, pedindo perdão. Dom Bosco lhe respondeu: – Fique tranquilo, pode ir, não é nada!

Dom Bosco voltou-se para o sacerdote e se limitou a observar: – Parecem coisas da idade média, mas acontecem hoje!

Em outra ocasião, entrando na igreja de Maria Auxiliadora em uma hora em que nela não havia ninguém, viu um jovem pairando no ar diante do grande quadro do altar-mor. Como São José Cupertino, em um ímpeto de amor, tinha se elevado até lá para beijar a imagem de Maria Auxiliadora. O próprio Dom Bosco contou muitas vezes esses episódios.

Em uma manhã, um menino de 12-13 anos, sem bater à porta e sem pedir licença, entrou no quarto de Dom Bosco, e em tom um tanto imperativo, lhe diz: – Dom Bosco, escreva!

Dom Bosco, que muito bem conhecia os dons sobrenaturais com que Deus tinha enriquecido a alma daquele anjo querido, pegou a pena e começou a escrever.

O ditado foi uma longa série de nomes e sobrenomes. Eram os nomes e os sobrenomes de alguns jovens da região da Emília, vindos para o Oratório, e que ali tinham sido introduzidos furtivamente pela maçonaria com o encargo de corromper os companheiros e afiliá-los à seita. Conservavam suas matrículas e suas senhas convencionais de reconhecimento. Aquele jovenzinho revelou tudo a Dom Bosco nos mínimos detalhes. A verificação foi muito fácil. Dom Bosco em pouco tempo tinha tudo em suas mãos.

Mas, antes de liberar o seu anjo, quis saber de que modo tinha descoberto todos esses planos secretos. Depois de alguma relutância, o rapaz respondeu que fazia vários dias que Nosso Senhor lhe mostrava tudo isso, como em um espelho, para que o comunicasse a Dom Bosco, e que, por ainda não ter revelado, naquela manhã tinha sido seriamente repreendido por Nosso Senhor depois da Sagrada Comunhão.

Essas narrações, Dom Bosco costumava fazê-las de forma confidencial, e terminava dizendo: – Dom Bosco é um pobre padre, mas ele tem muitos jovens santos que atraem as simpatias das pessoas honestas e as bênçãos de Deus!

MB X, 38-40.

É muito bom cuidar da limpeza pessoal, como convém; melhor ainda é ter a consciência limpa de qualquer pecado.

72

O OLHAR DE DOM BOSCO

No outono de 1862, Dom Bosco levou até seu povoado dos Becchi, na casa do seu irmão José, todos os jovens que não tinham ido passar alguns dias com a própria família.

Um deles se afastou de casa e entrou em um bosque próximo. Ali, de repente, se encontrou com alguém que lhe propôs conversas inconvenientes. O jovem ficou estonteado e não sabia como se livrar dessa situação, quando, de repente, ouve uma voz chamando-o pelo nome. Sem olhar para trás, correu imediatamente para junto do seu professor, pois a voz que ele tinha ouvido lhe parecia ser a de seu mestre. O professor, porém, lhe disse que não o tinha chamado.

Nesse momento o menino compreendeu; deu-se conta do perigo que tinha corrido e intuiu que aquela voz que o salvou não era uma voz simplesmente humana, e foi ter com os colegas que estavam com Dom Bosco. Este o fixou nos olhos com tal insistência e expressão, acompanhando seu olhar com um sorriso significativo, que o rapaz se convenceu que Dom Bosco tinha visto o que lhe sucedera.

Outra vez, enquanto os rapazes lotavam o refeitório onde Dom Bosco consumia seu magro jantar, disse improvisamente: – Vão chamar Martora, Salvi e Daniel!

Esses três rapazes tinham saído de casa sem autorização para se divertir.

Os colegas se entreolhavam e perguntavam: – Como ele fez para saber?

MB VII, 276.

Não basta tomar a cruz nas mãos e beijá-la; é preciso carregá-la.

73

PADRE? NUNCA!

Os jovens Francisco Vicini e Paulo Aiachini saíram da sala de estudo para se confessar. Encontraram Dom Bosco que estava voltando da cidade. Este, pondo a mão sobre a cabeça de Francisco, lhe perguntou – Você é amigo de Dom Bosco?

– Imagine se não!

– Você quer ir para o céu? Eu lhe dou autorização!

Depois pôs a mão sobre a cabeça de Paulo, dizendo – Também você quer ir para o céu? Eu lhe dou autorização!

Paulo Aiachini, depois de dois meses, voltou para a família para recuperar a saúde; no último dia de março de 1864 faleceu...

Ao passo que Francisco Vicini não voltou mais das férias da Páscoa. Tendo confidenciado ao pai que queria ser padre, o pai não lhe permitiu voltar para o Oratório de Dom Bosco. A partir daquele momento o rapaz começou a definhar de forma impressionante.

Todavia, em pouco tempo estava totalmente restabelecido, e queria voltar, mas o pai lhe retrucou: – Não quero que a nossa família seja desonrada por um filho padre!...

O rapaz não respondeu... mas depois de pouco tempo recaiu na situação de antes.

Finalmente, o pai cedeu e lhe deu autorização.

O jovem, porém, lhe disse: – Agora é tarde; chamem um padre, pois sinto que vou morrer.

No fim do dia o mal se agravou. Chamou-se o pároco e Francisco faleceu em paz, com toda a assistência religiosa: foi para o céu, como Dom Bosco lhe tinha dito.

MB VII, 641.

Por toda parte há amarguras que nos fazem sofrer: haveremos de superá-las vitoriosamente ao olhar para Jesus Crucificado.

74

QUE MEMÓRIA!

Dom Bosco conhecia pormenorizadamente uma infinidade de livros. Seus padres receberam disso uma grande ajuda e pouparam muito tempo, pois devendo preparar os sermões, os panegíricos, os exames, escrever livros, recorriam a ele que lhes indicava sempre cinco ou seis volumes, qual era o autor mais apropriado, especificava o modo com que eles podiam se servir deles.

Em 1865, o padre Cagliero teve que substituir um pregador, que depois de assumir o compromisso não podia sair da cidade, para fazer o panegírico de um santo, cujo nome era pouco conhecido. O padre Cagliero ignorava inteiramente sua vida. Dom Bosco estava longe de Turim; a pregação devia ser feita antes que Dom Bosco voltasse.

Para solucionar o caso, considerando a estreiteza do tempo, o padre Cagliero escreveu um bilhete para Dom Bosco. Este respondeu no retorno do portador, indicando o volume e a página da coleção dos Bolandistas onde se descrevia a vida do tal Santo. O padre Cagliero, embora acostumado a essas maravilhas, apenas recebeu o bilhete, leu-o para um colega e com ele foi à biblioteca para verificar se a indicação era certa. Tomou o volume, procurou a página, e ali estavam as informações procuradas.

MBp I, 349-350.

*Eu daria tudo para conquistar
o coração de um jovem
e assim poder oferecê-lo ao Senhor.*

75

SE É ASSIM...

Em 1865, o jovem Antônio Ferraris estava gravemente doente. A mãe veio ao Oratório quando a saúde do filho ainda não era alarmante. Depois de dar-lhe assistência durante alguns dias, ela, que considerava Dom Bosco um Santo, disse ao jovem João Bisio: – O que será que Dom Bosco diz do meu filho? Viverá ou vai morrer? Pois preciso saber se devo ficar aqui ou posso voltar para casa.

– E qual seria o seu desejo?

– Eu sou mãe e, naturalmente, desejo que me filho se restabeleça. Quanto ao mais, que se faça a vontade de Deus.

– A senhora julga que está suficientemente resignada a fazer a vontade de Deus?

– O que Deus fizer, será bem feito.

– E se o seu filho morresse?

– Paciência. Fazer o quê?

João Bisio, vendo aquelas disposições de ânimo, por um pouco de tempo ficou em silêncio, depois lhe disse:
– Então, a senhora fique. Dom Bosco assegura que seu filho é um bom rapaz e que está bem preparado para o paraíso.

A mulher ficou e, resignada, assistiu à morte do filho, ocorrida no dia 16 de março.

MB VIII, 56.

Quando eu vejo os jovens totalmente entregues ao divertimento no pátio, estou certo de que o demônio não consegue nada.

76

MORRE-SE TRANQUILAMENTE...

Em 1867, Dom Bosco foi a Roma. Hospedou-se na casa da condessa Isabel Calderari. Ao almoço havia vários nobres senhores. De repente, chega um criado trazendo uma carta da marquesa Villaríos para Dom Bosco. Convidava-o com insistência a visitar uma família, na qual agonizava de tuberculose um jovem de 17 anos; em fim de vida, não queria saber de Sacramentos.

Dom Bosco leu a carta, dobrou com toda a calma. Terminado o almoço, atendeu ainda várias pessoas que desejavam falar com ele. Às sete horas da noite foi visitar o doente. Cena comovedora: o jovem tinha o rosto muito pálido e os sinais da morte já eram evidentes.

Para surpresa de todos, o rapaz exclamou: – Ah! Dom Bosco! Confesse-me!

A mãe não encontrava palavras para expressar sua alegria pela vinda de Dom Bosco, que era também a alegria do filho. Todos se retiraram, e depois de meia hora,

Dom Bosco saiu do quarto. A mãe o esperava, chorando, na sala, e lhe disse: – Muito obrigada, Dom Bosco, muito obrigada! Foi Deus quem o mandou!

Toda a família tinha rodeado a cama do doente e quis a bênção de Dom Bosco, depois de receber uma medalha de Maria Auxiliadora.

Em torno da dez da noite, Dom Bosco foi embora; pouco depois, o jovem falecia.

Aquela gente comentava: – Morre-se tranquilamente depois de uma visita de Dom Bosco!

MB VIII, 696.

*É preciso fazer com que Deus passe
para o coração dos jovens,
não somente pela porta da igreja,
mas também da escola
e do trabalho.*

77

DOIS PRATOS EM UM SÓ

No fim de 1874, junto ao Colégio de Borgo San Martino, foi aberta a primeira comunidade das Filhas de Maria Auxiliadora fora de Mornese. Não demorou que Dom Bosco a visitasse. Veio-lhe ao encontro a diretora, Felicina Mazzarello (irmã da superiora geral), que, muito acanhada, lhe disse: – Oh! Dom Bosco! Como faremos?

– Qual é a dificuldade, minha boa filha?

– O diretor insiste para que no almoço sejam servidos dois pratos a nós também; do contrário, diz ele, se não nos alimentarmos um pouco mais, não duraremos muito tempo neste colégio, onde há muito trabalho. Entretanto, lá em Mornese, na Casa-Mãe, no almoço só serve um prato, e as irmãs estão sempre alegres e contentes. Diga-nos, então, como faremos? Devemos ouvir o diretor, ou seguir o costume da Casa-Mãe?

Dom Bosco, aparentando seriedade, respondeu: – O assunto é realmente grave. É preciso que reflitamos bem antes de dar uma resposta decisiva. Ao diretor, já se sabe, deve-se obedecer; por outro lado, os costumes de Mornese também devem ser respeitados. Por isso, eu também me pergunto: Como faremos?... Mas antes de decidir, traga aqui, por favor, os dois pratos.

Foram trazidos rapidamente, pois era hora do almoço. Então, Dom Bosco, pondo o conteúdo dos dois em um prato só, e entregando-o à diretora, disse: – Pronto, está eliminado qualquer escrúpulo: aqui vocês têm ao mesmo tempo dois pratos em um só, e assim nem o diretor, nem as irmãs de Mornese poderão mostrar-se descontentes.

MB X, 649-651.

Nunca se deve perturbar em uma alma a simplicidade da sua fé.

78

UM BEIJO NO ALTO DA CÚPULA

O padre Antônio Cinzano, pároco de Castelnuovo d'Asti, foi quem fez a vestidura da batina de Dom Bosco no dia 25 de outubro de 1835 e lhe proporcionou toda a ajuda que sua caridade e seu zelo lhe permitiam a fim de sustentar uma vocação tão rara e ao mesmo tempo tão provada.

Aos muitos incômodos que já complicavam a velhice do padre Cinzano somou-se também o da surdez. Ele se lamentava particularmente por não mais poder atender a seus deveres ministeriais. Dom Bosco, sabendo da situação, lhe recomendou uma novena a Maria Auxiliadora.

Rezou com fé e foi premiado. O milagre de fato ocorreu no dia 2 de outubro de 1867. Chegando à igreja paroquial, o padre Cinzano renovou toda a sua confiança na materna intervenção de Maria, pediu perdão a Deus de suas faltas e depois celebrou a missa.

Sabendo que o pároco tinha dificuldade para ouvir, o acólito começou a responder às partes da missa em voz bem alta. O padre Cinzano lhe dizia para falar mais baixo... Foi quando se deu conta de que estava curado da surdez. A comoção apossou-se dele de modo que não conseguia continuar a celebração. Terminada a missa, na sacristia comentava: – Estou curado! Maria Auxiliadora me concedeu a graça!

Na mesma hora decidiu ir de Castelnuovo a Turim para agradecer a Maria no seu belo santuário: fez questão de subir até o alto da cúpula para beijar os pés dourados da imagem de Nossa Senhora, lá colocada por Dom Bosco.

MB VIII, 961.

Os nossos tempos são difíceis?
Sempre foram assim,
mas Deus nunca faltou
com sua ajuda.

79

FUMANDO NO ALTO DA ESCADA

O padre Antônio Riccardi, salesiano, contou que, quando ainda rapaz, em um sábado à noite se confessou com Dom Bosco. Terminada a Confissão, Dom Bosco lhe disse: – Suba ao prédio dos aprendizes: lá no alto da escada está fulano de tal, fumando; diga a ele que venha se confessar.

O rapaz foi. A escada estava mergulhada no escuro, mas assim mesmo subiu. Em certo momento começou a sentir cheiro de tabaco. Parou, com medo de que o aprendiz, que era muito forte, se irritasse por ter sido surpreendido em aberta violação do regulamento; chamou o fumante pelo nome, mas tudo era silêncio; chamou de novo, mas nada de resposta. Então, embora a contragosto, foi até o alto da escada e no terraço encontrou o colega que fumava.

Riccardi lhe disse às pressas: – Dom Bosco está chamando você para se confessar!

Dito isto, saiu correndo, com medo de apanhar, e se escondeu atrás de uma coluna para observar o que o fumante faria. Depois de pouco tempo viu que ele atravessava o pátio e ia fazer sua Confissão.

MB VIII, 749.

> É melhor um pouco
> de barulho do que um
> silêncio raivoso e suspeito.

80

PÍLULAS ESTRANHAS...

Desde o tempo de clérigo no Seminário, Dom Bosco procurava aliviar os enfermos invocando Maria Santíssima. Sua estratégia consistia em distribuir pílulas de miolo de pão ou uns papeizinhos com uma mistura de açúcar e farinha de milho, impondo aos que recorriam à sua ciência médica a condição de se aproximar dos Sacramentos e rezar um determinado número de *Ave-Marias*, de *Salve-Rainhas* ou de outras orações em louvor de Nossa Senhora. A prescrição do remédio e das orações por vezes durava três dias, às vezes nove. Os doentes, mesmo os mais graves, acabavam sendo curados.

De povoado em povoado se espalhou a notícia e era grande a afluência ao novo médico, que cada vez mais adquiria confiança no bom êxito de suas curas. Desde então ele conhecia a eficácia das orações dirigidas a Nossa Senhora. Continuou a servir-se desse expediente, mesmo quando era sacerdote e morava no Colégio Eclesiástico de Turim. Decidiu-se a abandonar o estratagema depois de um fato realmente singular.

Em 1844, em Montafia, o senhor Turco caiu doente com febre persistente de modo que nenhuma prescrição médica conseguia curá-lo. A família recorreu a Dom Bosco, que, além de aconselhar a Confissão e a Comunhão, entregou ao enfermo uma caixa com as costumeiras pílulas para serem tomadas todos os dias, por determinado período, recitando sempre antes três *Salve-Rainhas*.

Tomadas as primeiras pílulas, o senhor Turco ficou perfeitamente curado. Todos ficaram admirados. O farmacêutico correu a Turim e, apresentando-se a Dom Bosco, disse: – Eu respeito o seu talento e a poderosa descoberta de que o senhor é o inventor. Os fatos demonstram que se trata de um antifebril muito eficaz. Peço-lhe insistentemente que me venda uma quantidade do seu remédio, ou me revele o segredo, para que o povo de Montafia não tenha que vir a Turim para obtê-lo.

Dom Bosco ficou perplexo e, não encontrando outra saída, disse: – Acabaram-se as pílulas e não tenho mais nada.

O farmacêutico voltou para casa. Intrigado, querendo descobrir os ingredientes das pílulas, conseguiu algumas junto a uma família, e atentamente realizou a análise química. Depois disse: – Mas isso aqui é só pão! No entanto, as curas são evidentes!

Procurou outro farmacêutico, seu amigo, analisaram cuidadosamente as pílulas e concluíram: – É pão! Não resta dúvida!

A notícia se espalhou pelo povoado. O senhor Turco também foi a Turim visitar Dom Bosco para lhe agradecer; contou-lhe então os comentários sobre as pílulas de pão e

pediu que lhe revelasse seu segredo. Dom Bosco perguntou: – O senhor rezou com fé as três *Salve-Rainhas*?
– Mas é claro, respondeu ele.
– Então basta isto!
Dom Bosco, vendo descoberto seu segredo, parou de usar esse método de cura; como padre, recorreu sempre e unicamente à eficácia das bênçãos.

MBp II, 22.

Se começarmos a amontoar dinheiro, a Providência se afastará de nós.

81

POBRE MULHER!

Tão grande era a estima e até mesmo a veneração de que Dom Bosco gozava no Vaticano que o Papa lhe confiou o exame de um caso complicado, cujo fim estava longe de ser visto.

Uma boa senhora, que alguns eclesiásticos consideravam favorecida por Deus, com dons extraordinários por causa de alguns de seus escritos que pareciam ser verdadeiras revelações, foi convencida de ir a Roma e apresentar-se ao Papa. O Papa a encaminhou ao cardeal Patrizi para que a submetesse ao exame de Dom Bosco, que na ocasião também estava em Roma.

O cardeal, sem demora, seguiu a sugestão do Papa. Dom Bosco, lidos os escritos, falou com a mulher, e se convenceu de que nada havia de extraordinário que pudesse ser considerado revelação divina. E comunicou ao Santo Padre o seu parecer. Pio IX, satisfeito, exclamou: – É preciso um Dom Bosco para essas coisas.

Quem cai sob os seus olhos é esquadrinhado a fundo e reconhecido tal como é! A pobre mulher, na qual podia haver um pouco de ilusão, não, porém, soberba e nem fraude, por fim pediu a Dom Bosco que lhe conseguisse um pouco de dinheiro para voltar tranquilamente para casa. Fazia seis meses que estava em Roma, onde não fazia outra coisa senão ir ter, ora com este, ora com aquele eclesiástico, para contentar os que a enviaram à cidade eterna, e quase nada tinha para viver. Dom Bosco conseguiu do cardeal vigário o que ela desejava. Voltando para sua terra, ela lhe escreveu diversas vezes, cheia de reconhecimento, sempre agradecendo.

O padre Rua declarou no *Processo Apostólico*: – Pio IX, de santa memória, tinha Dom Bosco no mais elevado conceito. À voz e por escrito, o consultava sobre vários assuntos que se referiam ao governo da Igreja, em tempos muito difíceis, perguntando-lhe até mesmo a respeito de futuros acontecimentos que se referiam a ela.

Uma vez, apresentando-se a ele um casal com um menino de oito anos, mudo, para receber a bênção papal, o Santo Padre, sabendo que Dom Bosco então estava em Roma, disse-lhes: – Procurem Dom Bosco. Deus por meio do seu Servo vai atendê-los!

Mostrava, assim, em que grande estima de espírito profético e de homem prodigioso tinha Dom Bosco.

MB X, 28-30.

*Sem grandes fadigas
não se pode chegar a
grandes conquistas;
por isso, devemos estar
dispostos a tudo.*

82

O BARRETE DE DOM BOSCO

Miguel Unia era camponês. Aos 27 anos de idade, na festa de São José de 1877, foi ter com Dom Bosco e lhe pediu que o aceitasse, pois queria ser padre. Sem dúvida, ele tinha ouvido falar da escola para vocações adultas, fundada por Dom Bosco. Sua intenção, porém, não era ser religioso, buscava somente uma escola especial para jovens da sua idade.

Antes de aceitá-lo, Dom Bosco lhe pediu alguns dias de reflexão. Finalmente o chamou e disse: – Você gostaria de ficar com Dom Bosco?

– Sempre tive o desejo de ser padre em Roccaforte.

– E se Deus quisesse para você um campo mais vasto?

– Se Deus mostrasse que essa é sua vontade...

– Quer um sinal? Se Deus me revelasse seu interior e se eu lhe dissesse o estado da sua consciência, você veria nisso um sinal de que Deus quer que você permaneça comigo?

– Muito bem, então me diga o que vê na minha consciência.

– Você só terá que responder sim ou não.

Dom Bosco, de fato, lhe contou seu passado com tal exatidão e precisão que, à primeira vista, Unia se perguntava se estava sonhando.

Depois de três anos de estudos intensos, Miguel Unia foi admitido ao sacerdócio, mas chegando o momento da Ordenação, não teve coragem. Foi enviado a Turim para conversar com Dom Bosco.

– Portanto, você não quer mais continuar?

– Não, absolutamente, eu não tenho cabeça para isso e quero parar onde estou.

– E o que pretende fazer?

– Deixar tudo e ir para Roccaforte para continuar a estudar.

– Portanto, quer abandonar Dom Bosco?

– Sim, tenha paciência, mas já decidi.

– Muito bem, dado que você me diz que não tem cabeça, então eu lhe dou a minha: pegue!

E Dom Bosco tirou seu barrete e o pôs na cabeça de Unia, dizendo: – Agora vá para onde eu o enviar.

– Inclusive, até o fim do mundo?

– Inclusive, até o fim do mundo!

Medo, dúvidas, vontade de voltar para casa... tudo sumiu como por encanto debaixo daquele barrete mágico. Unia foi embora sem devolvê-lo...

Depois partiu para as missões na América. Na Colômbia, seu nome se tornou em pouco tempo sinônimo de "apóstolo dos leprosos".

MB XV, 569-571.

*Caros jovens,
um só é o meu desejo:
vê-los felizes no tempo
e na eternidade.*

83

O BAILE FRUSTRADO

Ao entardecer do dia 4 de outubro de 1859, Dom Bosco com os seus jovens entrou solenemente na Vila São Segundo (Asti) para celebrar a festa de Nossa Senhora das Graças. O pároco estava angustiado porque, bem no centro do povoado, estava programado um baile.

Dom Bosco lhe disse: – Deixe tudo por minha conta.

Em seguida, determinou que se preparasse o ambiente para uma encenação teatral no pátio da casa da família Perucatti. No dia da festa, o povo acorreu para assistir ao espetáculo.

Os empresários do baile, depois de esperar por mais de meia hora sem aparecer ninguém para dançar, foram eles também assistir à comédia encenada pelos jovens de Dom Bosco. Todavia, estavam aborrecidos e procuravam encontrar-se com Dom Bosco para se queixar. Esperavam ressarcir-se do prejuízo e das zombarias do povo no domingo seguinte; mas também dessa vez não tinham feito as contas com a adversidade. De fato, a pedido da população, o programa do teatro foi novamente exibido, com os mesmos resultados quanto à deserção do baile.

Então, os responsáveis pelo baile foram ter com Dom Bosco e lhe pediram ressarcimento dos danos: de fato, eles tinham contratado músicos, comes e bebes etc.

Dom Bosco os acolheu gentilmente, dizendo: – O que vocês querem que eu lhes dê em ressarcimento, se o povo é livre de ir aonde quer? Eu não estive no baile de vocês e não lhes peço nada; ao passo que vocês, sim, assistiram ao meu teatro e não me pagaram nada...

Boquiabertos diante de tão luminosa argumentação, só puderam responder: – Pois é... o senhor tem razão!

E se foram com seu prejuízo...

MB VI, 276.

*O melhor jogo que eu gostaria
de fazer seria o
de levar milhares de jovens
para o paraíso.*

84

NÃO PARECE... MAS É!

A senhora Beaulieu, que tinha conhecido São João Maria Vianney, conhecido como Cura d'Ars, tomou-o como modelo de santidade. Quando Dom Bosco foi a Nizza (hoje Nice, na França), ela ouviu dizer que tinha chegado um Santo. Pois bem, esse era o momento oportuno para conferir se a santidade de Dom Bosco era como a do Cura d'Ars.

Conhecendo o desejo da senhora Beaulieu, uma amiga a levou à casa de conhecidos onde Dom Bosco devia almoçar. Quando a mulher chegou, Dom Bosco, muito sereno, tinha na mão um cálice com vinho e brindava ao dono da casa. Ela ficou escandalizada, e pensou dentro de si: "Esse padre aí não é nada santo..."

Terminado o almoço, apesar de pensar assim, se apresentou a Dom Bosco e o cobriu de cumprimentos. Ele, sorrindo, lhe disse: – Lembremo-nos, senhora, do que diz São Paulo: "Quer comais, quer bebais, fazei tudo em nome do Senhor".

A boa mulher compreendeu, nem precisou de mais informações para mudar de ideia. Dom Bosco podia parecer que não era Santo, mas era!

Ela mesma se fez cooperadora salesiana; mais tarde contou o episódio ao padre Paulo Àlbera, futuro sucessor de Dom Bosco, e o repetia a quem a quisesse escutar.

MB XIII, 127.

Pensem sempre no que pode dizer de vocês Nosso Senhor, não o que de vocês, bem ou mal, dirão os homens.

85

ATRASO DE 12 DIAS

Dom Bosco foi a Alassio para se despedir dos missionários que partiam para as missões da Argentina, e parecia indeciso se devia ou não acompanhar Dom Frederico Aneyros, arcebispo de Buenos Aires, a Nizza e depois a Marselha, donde o navio zarparia. No fundo, ele sentia pena de deixar o arcebispo e os missionários sozinhos antes do embarque. Por isso, ficou ali, até que Dom Aneyros e os missionários embarcassem; por fim, lá no navio, Dom Bosco se despediu.

Os missionários estavam cheios de alegria: o pensamento da terra almejada levava-os a ficar exultantes e calculavam o número de dias que seriam necessários para pisar em seu solo. Dom Bosco ouvia e calava; por fim, sorrindo, disse-lhes que os cálculos deles não fechavam. Em seguida, com sua calma habitual, os exortou a não terem muita pressa; pelo contrário, que tivessem muita paciência, pois a Buenos Aires chegariam todos sãos e salvos, mas só no dia tal... e disse a data exata, isto é, 12 dias a mais do que o tempo empregado normalmente pelos navios na travessia de Marselha até a Argentina.

Os missionários arregalaram os olhos e exclamaram:
– Impossível! A nossa viagem não durará tanto assim!

No entanto, Dom Bosco tinha dito a verdade. O navio que partia lutou seguidamente contra tempestades marítimas até o Cabo Verde. Chegando ali, por causa das avarias sofridas, teve que ir até a Ilha de São Vicente, lançar âncoras, e esperar a vinda de outro navio para transferir para ele os passageiros e as mercadorias, e depois prosseguir viagem. Quando atracou em Buenos Aires, era o dia 24 de agosto de 1877: precisamente o dia predito por Dom Bosco.

MB XIII, 156.

Quem vive na graça de Deus, adormece sem se preocupar com o que será feito dele.

86

PAIRANDO NO AR

Em janeiro de 1879, Evásio Garrone, depois salesiano e missionário na América, junto com um colega de nome Franchini, ajudava a missa de Dom Bosco em um pequeno altar preparado na antecâmara do seu quarto. No momento da elevação, viram Dom Bosco, extático, pairando no ar, e seu rosto brilhar a ponto de iluminar toda a saleta.

Pouco a pouco seus pés se desprenderam do estrado e ele ficou suspenso no ar por longos dez minutos. Evásio, fora de si, correu para chamar o padre Joaquim Berto, mas não o encontrou. Voltou e viu que Dom Bosco começava a descer, enquanto o lugar exalava um perfume paradisíaco.

Terminada a missa, depois que Dom Bosco lhe agradeceu por ter ajudado a missa e, como de costume, por lhe ter levado o café, perguntou: – Dom Bosco, o que o senhor tinha esta manhã durante a elevação? Por que o senhor ficou tão "alto"?...

Dom Bosco, sem dizer nada, pôs café na xícara de Evásio e pediu que o tomasse. Este, percebendo que o Santo não queria comentar o assunto, ficou em silêncio e tomou seu café.
Por três vezes Evásio Garrone foi testemunha da levitação de Dom Bosco durante a missa.

MB XIII, 897.

A oração, eis a primeira coisa a fazer, e com a oração, o trabalho. Quem não trabalha não tem direito de comer.

87

AÇÚCAR DEMAIS!

Dom Bosco amava muito a pobreza, mas queria também que fossem usados todos os cuidados com quem precisava deles. Havia uma irmã salesiana de saúde frágil que queria voltar para a própria família. Ele, depois de recomendar à comunidade que trabalhasse por Deus com decisão, com amor, com generosidade, e que rezasse com fé e fervor, acrescentou: – Deus nunca nos deixou faltar o necessário, nem para os que têm saúde, nem para os doentes: se o médico prescreve que se coma frango, a Congregação providencia frango...

Uma manhã, depois de ter atendido Confissões por longas horas, foi-lhe oferecido um copo de água com um pouco de groselha, mas ele exclamou, sorridente: – Dom Bosco não tem sede, e, se tivesse, bastaria um copo de água fresca!

Outro dia foi-lhe oferecido, ao café da manhã, um ovo batido, com café e leite; ele aceitou e começou a colocar açúcar.

A irmã lhe disse: – Padre, eu já coloquei açúcar!
Ele, sempre afável e sorridente, respondeu: – Não sabe que Dom Bosco deve copiar a doçura de São Francisco de Sales?!...

MB X, 650.

As obras de caridade não as fazemos para sermos pagos por elas.

88

A SUPERIORA PRIMEIRO...

Em 1880, irmã Maria Mazzarello, cofundadora com Dom Bosco do Instituto das Filhas de Maria Auxiliadora e primeira superiora geral, durante o inverno sentiu dores muito fortes no flanco; ela procurava ignorá-las e decidiu viajar assim mesmo para acompanhar as irmãs missionárias que partiam para a América.

Em Sampierdarena (Gênova) foi tomada por febre muito elevada. Depois, desaparecida a febre, embarcou para Marselha com a intenção de visitar suas irmãs na França. Chegando a Saint-Cyr, manifestou-se fortíssima pleurite que a manteve acamada durante um mês, sofrendo sem se lamentar de nada.

No retorno, em Nizza encontrou-se com Dom Bosco, ao qual perguntou se ela haveria de recuperar totalmente a saúde.

Dom Bosco lhe respondeu contando uma historinha:
– Um dia, a Morte bateu à porta de um mosteiro. A irmã da portaria abriu, e a Morte lhe disse: "Venha comigo".

Mas a irmã respondeu que não podia, pois não havia quem pudesse substituí-la no seu ofício.

Sem dizer nada, a Morte entrou no mosteiro e repetia o seu "Venha comigo" a quem encontrasse, fossem irmãs, postulantes ou estudantes, até mesmo à cozinheira. Todas, porém, respondiam que não podiam aceitar o convite, porque tinham ainda muitas coisas a fazer.

Então a Morte se apresentou à superiora e lhe disse: "Venha comigo". Também a superiora deu suas desculpas para não acompanhá-la. Entretanto, dessa vez a Morte insistiu, dizendo: "A superiora deve ser a primeira a dar bom exemplo em tudo, inclusive quando se trata da viagem para a eternidade". Assim, a superiora teve que abaixar a cabeça e seguir a Morte.

Irmã Maria Mazzarello compreendeu e veio a falecer santamente no dia 14 de maio de 1881, com 44 anos de idade: Santa Maria Domingas Mazzarello!

MB XV, 355.

Sou indiferente aos elogios e às críticas: porque, se me elogiam, dizem o que eu deveria ser; se me criticam, dizem o que sou.

89

ORELHAS GRANDES

Irmã Brambilla, Filha da Caridade, que vestiu o hábito religioso no dia 4 de setembro de 1880, em Turim, foi destinada ao orfanato feminino de Sassari, na Sardenha; partiu para lá em companhia de outras duas irmãs no dia 11 de setembro de 1880.

Subiram ao trem e se acomodaram em um dos compartimentos. Minutos depois, um senhor e um sacerdote vieram ocupar o mesmo compartimento e tomaram lugar precisamente na frente delas. Houve total silêncio por um bom trecho do caminho, mas chegando à primeira parada, Asti, muitos senhores vieram cumprimentar o bom sacerdote, dizendo-lhe:
– Bom dia, Dom Bosco!

Irmã Brambilla fixou atentamente aquele padre e se deu conta de que era precisamente o famoso Dom Bosco que fazia tão grande bem aos jovens. Todavia, ela o imaginava um homem alto, robusto, de aspecto imponente... ao passo que nada tinha de extraordinário, inclusive observou que suas orelhas eram um pouco grandes.

Retomando a viagem, Dom Bosco voltou-se para o companheiro e lhe disse: – Uma vez me veio a ideia de me fazer fotografar; mas quando o fotógrafo me entregou a foto, fiquei maravilhado e exclamei: – Oh, eu me imaginava que era uma pessoa alta, robusta, de aspecto imponente, ao passo que nada tenho de extraordinário, inclusive as minhas orelhas são um pouco grandes...

Irmã Brambilla corou até a raiz dos cabelos.

Mas a desventura da religiosa não terminou ali. Dom Bosco, para distraí-la, sorrindo, lhe perguntou para onde ia.

– Para a Sardenha, em um orfanato feminino.

– Mas, e se tivesse que ocupar-se com meninos?

– Não, não gostaria.

– No entanto, com os molequinhos se pode fazer um grande bem.

Em Sampierdarena Dom Bosco desceu do trem, saudou a todos, e voltando-se para a irmã, lhe disse: – Irmã Brambilla, trabalhe muito pelos meninos.

Chegando a Livorno, na comunidade das Irmãs de Caridade, ela encontrou uma carta da sua superiora determinando que não fosse mais para o orfanato feminino, mas para o internato masculino. Nesse momento compreendeu imediatamente a razão do conselho dado a ela por Dom Bosco.

Era uma casa paupérrima, com 50 meninos órfãos para cuidar e instruir. De cinco irmãs, duas morreram no espaço de seis meses. Irmã Brambilla teve que dividir a grande quantidade de trabalho com as duas irmãs que sobreviveram.

Passaram-se 50 anos. Por ocasião da beatificação de Dom Bosco, em 1929, irmã Brambilla contou aos salesianos, à viva voz e por escrito, o precioso encontro com o Santo.

MB XIV, 675.

Riquezas, honras, prazeres: para que me servem na hora da minha morte?

90

FÉ EM MARIA

Em Roma, em 1881, Dom Bosco curou uma senhora. A mulher, encontrando-se pouco depois com seus conhecidos, que eram protestantes, e querendo eles saber como se tinha curado tão depressa de uma doença tão grave, contou-lhes o que tinha acontecido.

Os pais, tendo uma filha muito enferma, sem dar atenção a preconceitos religiosos, decidiram levá-la a Dom Bosco. Este deu-lhe a bênção e a jovem ficou curada. Sua mãe, cheia de consolação, repetia: – Aí está o erro que nós, protestantes, cometemos: não rezamos a Nossa Senhora! Em 1885, Dom Bosco recebeu uma carta daquela família com a notícia da conversão de todos os seus membros ao catolicismo.

Outro dia, enquanto Dom Bosco celebrava a missa, entrou um senhor. Doente das pernas havia 18 anos, caminhava com dificuldade, usando muletas. Pediu ao padre Dalmazzo que o apresentasse a Dom Bosco.

Com muita humildade pediu a bênção. Dom Bosco lhe fez algumas perguntas e constatando a sua fé viva, o abençoou; tomou de suas mãos as muletas e lhe ordenou caminhar. O homem começou a caminhar sem dificuldade, e partiu com as muletas debaixo do braço, dizendo que queria conservá-las como recordação.

Dom Bosco disse ao padre Dalmazzo: – Foi a bênção de Maria Auxiliadora que o curou.

O padre Dalmazzo retrucou: – Eu também dei muitas vezes essa bênção, mas nunca me aconteceu nada de semelhante.

E Dom Bosco: – Caro padre Dalmazzo, não acontece nada porque você não tem fé!

MB XV, 161.

*Só se começa bem,
começando pelo céu,
isto é, por Deus.*

91

À SUA DISPOSIÇÃO

Em 1883, a senhora Pastré, parisiense, depois de ouvir uma conferência de Dom Bosco, quis a todo custo abrir caminho em meio à multidão para chegar até ele, falar-lhe na sacristia e fazer a sua oferta, como via tantas outras senhoras fazerem.

Não muito tempo depois, sua filha adoeceu gravemente a ponto de correr perigo de morte. Naqueles dias de trepidação, ocorria o onomástico da mãe e, na véspera, chegou uma carta de Dom Bosco com os cumprimentos e a promessa de que a filha se recuperaria. Entretanto, a senhora devia fazer uma novena a Maria Auxiliadora, enquanto Dom Bosco, de Turim, uniria as próprias orações às dela.

A mulher se perguntava: "De que modo Dom Bosco soube que minha filha estava gravemente doente? Como ele conhecia com tamanha precisão meu endereço?"

Impressionada por este enigma, começou a fazer a novena com fervor. No terceiro dia, a filha quis se alimentar, ao passo que fazia muitos dias que não comia. Pediu comida uma segunda e terceira vez; depois se levantou e caminhou; terminada a novena, foi à igreja agradecer a Nossa Senhora.

A senhora Pastré queria agradecer a Dom Bosco, mas como fazer? Soube, porém, que ele precisava de uma casa perto de Marselha para acolher os seus noviços. Ela, que além de diversas vilas nas proximidades de Paris, possuía duas perto de Marselha, imediatamente ofereceu uma a Dom Bosco.

O padre Bologna e o padre Paulo Àlbera foram ver a dita vila. Era ampla, bem situada e mobiliada. Foi feito um documento oficial de aluguel por 15 anos, por 1.500 francos ao ano; entretanto, mediante uma escritura particular, a proprietária se comprometia a ceder o uso completo e gratuito por todo aquele período, adiando para outros tempos outras decisões; naquele momento, razões familiares não lhe permitiam agir diversamente.

Dom Bosco foi ver o local do novo noviciado da Congregação. Acolhido com as tradicionais aclamações, antes de visitar a vila posta à sua disposição, perguntou se nela havia dois pinheiros.

– Sim, muitos. Toda a colina é coberta de pinheiros.
– Há também avenidas?
– Várias.
– Há um canal de água que passa atrás da casa?
– Sim, um canal belíssimo.
– E atravessa toda a propriedade?
– Sim, toda a propriedade.
– Então, é mesmo essa. Nem tenho mais necessidade

de ir vê-la. Aliás, agora compreendo porque no sonho não me foi dito: – Eis uma casa que lhe é dada de presente ou comprada; mas: – Essa casa está à sua disposição.

MB XVII, 49.

*Tenham a coragem da sua fé
e das suas convicções:
cabe aos maus tremer diante
dos bons, não aos bons tremer
diante dos maus.*

92

POUCA ROUPA

Em Nizza, no dia 24 de fevereiro de 1883, Dom Bosco foi celebrar a missa na capela particular de um insigne benfeitor. Para ganhar tempo, ao voltar, quis cortar caminho, usando uma velha passarela sobre um riacho de pouca profundidade. Como tinha problemas de vista, pisou em falso e caiu na água; levantou-se imediatamente, mas estava ensopado da cabeça aos pés.

Por sorte, a casa salesiana não estava longe. Chegando, pediu roupas para se trocar. Houve um corre-corre para atendê-lo, também por receio de que Dom Bosco se tivesse machucado; mas ele, sorrindo, dizia que só precisava trocar de roupa.

O diretor, depois de procurar em toda parte, voltou todo mortificado para dizer-lhe que não tinha encontrado nada. Dom Bosco lhe respondeu: – Gosto muito dessa pobreza! Também nossos pósteros ficarão edificados ao ouvir dizer que não se encontrou nada para pôr à disposição de Dom Bosco. Isto é um bom sinal!

Conclusão: ele teve que ficar na cama enquanto sua roupa era posta ao sol para secar...

Muito admiradas ficaram as pessoas quando souberam que Dom Bosco teve que ficar na cama por não ter roupa para trocar. Deus se serviu dessa queda na água para que aquela casa fosse provisionada de roupas, a fim de que, no futuro, Dom Bosco eventualmente pudesse servir-se delas...

A casa de Nizza, recomendada dessa forma aos cooperadores, sempre foi motivo de grande satisfação para o coração de Dom Bosco.

MB XVI, 39.

É preciso suar – e suar muito – para conservar a amabilidade no trato; às vezes se deverá até derramar o sangue para não perdê-la.

93

POR QUE DEMORA?

No último dia do ano, Dom Bosco costumava propor aos seus jovens um compromisso, que ele chamava de *estreia* (lema, mote), a ser vivido durante o ano todo.

Além dessa estreia geral, conhecida e posta em prática por todos, Dom Bosco sugeria também uma individual, para cada rapaz, adaptada às suas necessidades espirituais, feita propositadamente para vencer alguma resistência ou encorajar na prática de alguma virtude especial.

No dia 31 de dezembro de 1861, Dom Bosco propôs uma estreia geral e prometeu para o novo ano algo singular e extraordinário que nunca tinha acontecido no Oratório. Mas, naquele momento não disse nada mais a respeito. Voltou a tratar do assunto na noite seguinte, nestes termos: – A estreia que vou lhes propor não é minha. O que vocês diriam se a própria Nossa Senhora propusesse a cada um de vocês uma estreia?

Havia vários anos que Dom Bosco pedia a Nossa Senhora que ela se encarregasse de propor as estreias particulares. Vê-se que naquele ano Ela concordou, sugerindo-lhe uma estreia ou compromisso para cada jovem da casa.

Não se sabe exatamente como o fato aconteceu. Supõe-se que Maria Santíssima lhe tenha aparecido ou o tenha inspirado em algum momento da noite enquanto ele trabalhava à sua escrivaninha, e tenha ditado todas as máximas e exortações que constam de um caderno ao lado do nome de cada um dos rapazes do Oratório. A letra é de Dom Bosco, e o texto de cada pequena exortação ocupa uma linha de caderno. Ainda hoje, podem-se ler nesse caderno os nomes dos 600 jovens de então; inclusive consta o nome de 13 deles que não se apresentaram para conhecer a mensagem que Nossa Senhora lhes enviava...

Entre outras, há a de José Buzzetti, que dizia assim:
– Por que tanta demora?

De fato, depois de viver 20 anos com Dom Bosco, ele ainda não se tinha decidido a ser salesiano; aliás, ainda esperará mais 15 anos para tomar uma resolução, o que aconteceu somente em 1877.

Durante uma ausência de Dom Bosco, alguns jovens entraram no seu quarto e quiseram folhear o dito caderno... mas, não se sabe como, as páginas lhes apareceram todas em branco, e assim o segredo prometido por Dom Bosco foi respeitado.

Um jovem marceneiro de 22 anos, que tinha chegado naqueles dias, recebeu uma mensagem dizendo que pusesse em ordem a própria consciência. Ele, porém, protestava publicamente, afirmando não ter necessidade daquela exortação, de ter sempre vivido bem e de estar pronto a pedir ao pároco todos os atestados que Dom Bosco quisesse.

Refletindo melhor, porém, no dia seguinte acabou se convencendo de sua real necessidade de mudar de vida; ajoelhou-se diante de Dom Bosco e fez a própria Confissão.

MB VII, 2.

A bondade é apreciada até pelos maus, embora não a pratiquem.

94

É DEMAIS PARA MIM!

No dia 3 de maio de 1883, Dom Bosco chegou a Lille (França), perto da divisa com a Bélgica. Hospedou-se na casa do barão de Montigny, o qual pedia com insistência a abertura de uma obra salesiana naquele grande centro industrial tão ameaçado pela propaganda marxista.

A notícia da chegada de Dom Bosco, divulgada pelos jornais de Paris poucos dias antes, despertou na cidade uma grande expectativa, tanto que, quando chegou, muita gente foi ao seu encontro. O entusiasmo cresceu ainda mais quando correu a voz de que naquela mesma noite, ao visitar uma senhora doente, dera-lhe a bênção e ela tivera sensível melhora.

Todas as manhãs, no final da missa, Dom Bosco atendia as pessoas no orfanato São Gabriel; era lá que vinham apanhá-lo para visitar doentes ou tomar as refeições em casa de famílias importantes, que disputavam entre si a honra de tê-lo à mesa.

Quando viu o programa dos lugares onde, dia por dia, deveria ir almoçar, disse ao padre Rua: – Veja só que programa. Eu teria esperado: hoje, visita a tais igrejas; depois, peregrinação a tal santuário... ao passo que é sempre: almoço, almoço, almoço...

E assim foi, sem que Dom Bosco pudesse se esquivar. Um senhor da alta sociedade preparou um banquete riquíssimo. Dom Bosco, impressionado, perguntou quanto tinha custado uma refeição daquelas.

– 12.500 francos!

– É demais para mim, respondeu Dom Bosco.

Antes do final do almoço, o dono da casa lhe entregou um envelope com 12.500 francos.

MB XVI, 263.

*A vida é muito breve.
É preciso fazer logo o pouco de bem que se pode fazer, antes que a morte nos surpreenda.*

95

Morrer no lugar de Dom Bosco

Na tarde de 31 de janeiro de 1884 Dom Bosco foi a San Benigno para festejar São Francisco de Sales junto com os noviços. Entre confissões e audiências cansou-se demais, de modo que, ao partir, parecia exausto ao extremo.

O P. Júlio Barberis, mestre de noviços, muito impressionado, comentou com eles que lhe parecia ter chegado o momento de prometer a Deus alguma coisa grande, até extraordinária, para que a vida de Dom Bosco se prolongasse. Logo vários noviços se dispuseram a oferecer a própria vida em troca da de Dom Bosco. Nisto distinguiu-se Luís Gamerro, de 24 anos, alto, robusto, vendendo saúde. Com uma disposição que impressionou a todos, disse que pedia a Deus para morrer no lugar de Dom Bosco.

Parece que Deus aceitou seu sacrifício. À noite, ele mesmo sonhou que morreria. No dia seguinte, serenamente, comentava com os colegas: – Chegou a minha vez! – Ora, naqueles dias houve a troca de lugares no refeitório, conforme era costume no noviciado; Gamerro, porém, dizia: – Para mim é inútil marcar um lugar; eu não o ocuparei. – De fato, no dia seguinte, sentiu-se mal. A situação piorou de repente, a ponto de no terceiro dia se confessar e receber o Viático.

O P. Barberis procurava animá-lo, incutir-lhe esperança de cura para ser missionário, como era seu desejo. Gamerro o ouvia em silêncio; deixou que o padre fosse embora e disse ao enfermeiro: – Não, não! Eu vou morrer esta tarde.

O P. Bianchi, ao visitá-lo, recomendou-lhe: – Dado que você diz que vai morrer, recomende-se a Nossa Senhora, pedindo-lhe que o ajude a sair logo do purgatório. – Ele respondeu: – Nesta mesma tarde estarei com Ela; Ela mesma me garantiu!

Mostrou-se sempre sereno e contente até o último momento, que ocorreu pelas duas da tarde. Em sonho, ele tinha visto que sua mãe viria visitá-lo, mas que chegaria tarde e já o encontraria morto. Foi o que aconteceu: impossibilitada de partir apenas soube do agravamento da situação do filho, chegou duas horas depois de sua morte.

A voz desse episódio correu também por Turim. Um jornal estupidamente humorístico publicou uma caricatura na qual se via o clérigo enforcado numa árvore e Dom Bosco, de joelhos, diante dele... Coisa de gente sem fé e sem amor!

Gamerra morreu no lugar de Dom Bosco, ao passo que este se refez e viveu mais quatro anos.

MB XVII, 25-27

*Se alguém renuncia à própria
vontade pode-se fazer com
ele grandes coisas.*

96

Não me fale de Confissão!

Corria o ano de 1884. Dom Bosco estava em Alassio, onde era diretor da casa salesiana o P. Francisco Cerruti. A fim de descansar um pouco, o P. Cerruti levou Dom Bosco para abençoar um jovem com mais de vinte anos, de sobrenome Airoldi, que tinha perdido a razão. Totalmente descontrolado, o jovem destratou o pobre Dom Bosco. O P. Cerruti expressou seu mal-estar pelo acontecido, mas o Santo lhe respondeu: – Oh! Meu caro, isso não é nada. Quer saber o que me aconteceu em Turim alguns anos trás?
 – Um dia, fui solicitado a visitar um senhor que estava para morrer. Ele ocupava um cargo muito elevado na maçonaria e sempre rejeitara padres junto do seu leito, mas aceitou que eu o visitasse. Fui vê-lo. Apenas entrei no quarto, o doente perguntou em alta voz: – O senhor vem como amigo ou como padre? Ai do Sr., se falar de Confissão! – E empunhou um revólver, que ele escondia ao lado da cama, apontou-o para o meu peito e disse: –

Lembre-se: ao primeiro aceno à Confissão, um tiro será para o senhor e o outro para mim, afinal, eu só tenho poucos dias de vida.
– E o senhor não se assustou?, perguntou o P. Cerruti.
– Eu lhe respondi simplesmente que ficasse tranquilo, porque não lhe falaria de Confissão sem ele me autorizar. A seguir lhe perguntei pela doença e pelo diagnóstico dos médicos. Depois fui levando a conversa para assuntos de história, até que em determinado momento lhe descrevi a morte de Voltaire; terminei por dizer que não se podia crer, como alguns pretendiam afirmar, que Voltaire se teria condenado, sabendo que a misericórdia de Deus é infinita.
O doente, que tinha seguido a conversa com interesse, exclamou: – Como?! Há ainda esperança para Voltaire? Então, tenha a bondade de me confessar.
– Eu o preparei e confessei. No momento da absolvição, o homem rompeu em prantos, dizendo que nunca tinha gozado de tanta paz na sua vida como naquele momento. Fez todas as retratações requeridas. No dia seguinte recebeu o Viático; antes, porém, mandou chamar o pessoal da casa e pediu publicamente perdão pelo escândalo.
Depois do Viático se refez, viveu ainda dois ou três meses. Nesse tempo, dedicou-se quase só à oração; pedia continuamente perdão e quis receber várias vezes Jesus Sacramentado.
Para Dom Bosco, a Confissão era a porta do céu sempre aberta para todos.

MB XVII, 38-40.

> *O confessor não torne odiosa
> a Confissão, ao mostrar-se impaciente
> ou repreendendo o penitente.*

97

Casa à vista!

Perto de Marselha havia uma casa salesiana, chamada da Providência, aberta em 1883 para os noviços franceses: Dom Bosco a tinha visto antecipadamente, em detalhes, num sonho.

Naquele ano, a senhora Pastré, parisiense, depois de ouvir a pregação de Dom Bosco na igreja da Madalena, quis cumprimentá-lo na sacristia e entregar-lhe sua oferta. Não muito tempo depois, sua filha adoeceu a ponto de se encontrar em fim de vida. Em meio à trepidação daqueles dias, ocorria o onomástico da mãe. De repente, na véspera, chega uma carta de Dom Bosco com os cumprimentos e a promessa de que a filha haveria de se curar; para isso, que começasse uma novena a Maria Auxiliadora, enquanto ele, em Turim, uniria a própria oração a sua.

Como Dom Bosco soube da filha enferma? Como sabia ele com tanta precisão o nome da rua e o número de sua residência? Impressionada por esse duplo enigma, começou a novena com fervor. No terceiro dia, a filha pede repetidamente para comer... depois se levanta e caminha; terminada a novena, vai à igreja agradecer a Nossa Senhora.

Fora de si pela alegria, a senhora Pastré se perguntava como exprimir a própria gratidão, quando soube que Dom Bosco precisava de uma casa perto de Marselha para ali colocar os noviços. A mulher se recordou de que tinha duas vilas nas vizinhanças de Marselha; imediatamente ofereceu uma a Dom Bosco. A casa era muito ampla, bem situada, otimamente mobiliada.

Os padres Bologna e Albera foram vê-la. Encontrando-se depois com Dom Bosco, este lhes perguntou: – Há lá pinheiros?
– Há, sim!
– Muitos?
– Muitíssimos! Toda a colina está coberta de pinheiros.
– Há avenidas?
– Sim, muito bonitas.
– São várias ou uma só?
– Várias.
– Há também um canal de água que passa atrás da casa?
– Há um magnífico.
– O canal atravessa toda a propriedade?
– Sim, toda.
– Então, é mesmo essa *a casa que vi em sonho*. Nem preciso ir vê-la. Aliás, agora compreendo porque no sonho não me foi dito: – Eis uma casa que te é oferecida ou comprada, mas: – Essa casa *está à tua disposição*. – Rapidamente foi celebrado um contrato de *aluguel* por quinze anos.

Detalhe: antes que a oferta da senhora fosse feita, o último Capítulo Geral tinha reconhecido a necessidade de um noviciado na França. Assim, a Providência confirmou a verdade do sonho de Dom Bosco e também sancionou a decisão tomada pelo Capítulo Geral.

MB XVII, 49-51.

Pelos jovens farei qualquer sacrifício; para salvá-los, eu daria de boa mente até meu sangue.

98

Panela furada...

Em março de 1884, Dom Bosco estava em Marselha. Todos os anos os jovens do Patronato São Leão costumavam fazer um passeio na vila do senhor Olive, generoso Cooperador Salesiano. Nessa ocasião, à hora do almoço, o pai e a mãe serviam Dom Bosco e os superiores, enquanto os filhos serviam os meninos.

A família tinha preparado também uma rifa; cada qual recebeu seu número, de modo que todos haveriam de ganhar alguma coisa; foi assim que a família Olive acabou por dar de presente ao Oratório São Leão a própria carruagem.

Em meio à festa, enquanto os jovens se divertiam nos jardins, uma criada, preocupada, correu até a senhora Olive, dizendo: – Senhora, a panela onde estamos cozinhando a sopa para os meninos tem um furo enorme e não consigo consertar; eles terão que ficar sem a sopa.

A dona de casa, que tinha grande fé em Dom Bosco, teve uma ideia genial. Mandou chamar os meninos e lhes disse: – Se vocês quiserem sopa, ajoelhem-se e rezem *Pai-nosso, Ave-Maria* e *Glória* a Dom Bosco, para que dê um jeito na panela. Os rapazes obedeceram. No mesmo instante, a panela parou de vazar.

O fato é histórico. Dom Bosco, ao ouvir essa história, riu gostosamente, e comentou: – De agora em diante vão dizer que Dom Bosco é protetor dos soldadores.

MB XVII, 56-57.

Os três inimigos do homem são: a morte (que o surpreende), o tempo (que lhe foge) e o demônio (que lhe estende seus laços).

99

A fúria de Satanás

Dom Bosco, depois de fundar a Congregação Salesiana e ver aprovadas as Constituições, teve de lutar e sofrer por mais de dez anos para que a Santa Sé lhe concedesse os privilégios próprios dos religiosos. Em Roma e no Vaticano, Dom Bosco tinha fortes adversários; mas o papa Leão XIII estava do seu lado. Enfim, como Deus foi servido, a Santa Sé emitiu o decreto desejado, que logo foi enviado para o Oratório de Valdocco, em Turim.

Eram seis da tarde do dia 9 de julho de 1884, quando, estando o céu sereno, explodiram, um depois do outro, quatro raios assustadores, acompanhados por tais estrondos que o Oratório inteiro estremeceu, parecendo desmoronar. O P. Bonetti, que estava acamado, chamou o P. Lemoyne e lhe perguntou: – Você ouviu todos esses estrondos? Não me parece coisa natural. O diabo deve estar desafogando uma grande raiva contra o Oratório. Aposto que neste instante o cardeal Ferrieri está assinando o decreto da comunicação dos privilégios.

– Oxalá fosse verdade! Respondeu o P. Lemoyne.
– Você vai ver que não estou errado, replicou o P. Bonetti.
Riram juntos e não acrescentaram mais nada. Entretanto, o P. Lemoyne procurou o secretário de Dom Bosco, P. Berto, para comentar a ideia do P. Bonetti. Bateu à porta de seu quarto. O P. Berto, nervoso, apareceu na porta: – O que você quer? Perguntou: estou muito ocupado; esse tempo endiabrado nem me deixa ler o decreto.
– Que decreto?
– O decreto da comunicação dos privilégios.
– Verdade?
– Sim, sim, o decreto assinado pelo cardeal Ferrieri.
– Quando chegou?
– Minutos atrás. Entregá-lo nas mãos de Dom Bosco e explodir o primeiro raio foi uma coisa só. Dom Bosco tentou lê-lo, mas não pôde. As janelas estavam abertas e os primeiros três raios quase passaram por elas. Eu peguei Dom Bosco por um braço e o puxei para o outro quarto, e lhe disse: – Saia daqui; não vê que está correndo perigo? Até parece que os raios procuram o senhor.
– Enquanto Dom Bosco ia para outro quarto, explodiu o estrondo do quarto raio: a faísca parecia querer acertar a escrivaninha sobre a qual se encontrava o decreto.
Fora de si, o P. Lemoyne então disse ao P. Berto: – Venha, venha, vamos falar com o P. Bonetti.
Entrando em seu quarto, os dois lhe narraram o sucedido. O P. Bonetti, tomado de entusiasmo, disse ao P. Lemoyne: – Você se lembra do sonho dos quatro trovões e da chuva de espinhos, de botões, de flores e de rosas? Aquele sonho, Dom Bosco o sonhou quatro anos atrás! Apanhe minha agenda.

Com a agenda na mão, sentado na cama, extraiu um cartãozinho e exclamou: – Aqui está. Dom Bosco teve esse sonho em 1880, na noite de 8 para 9 de julho, portanto precisamente como na noite passada, e no dia 9, quatro anos depois, às seis da tarde, narrou-o aos membros do Capítulo Superior.

A alegria e a comoção dos três eram extremas, e diziam um para o outro: – Como negar a proteção de Maria Santíssima? – O P. Lemoye, na mesma tarde, encontrando-se com o P. Notario, narrou-lhe o fato; o P. Notario comentou: – Agora entendo por que, ao quarto estrondo do raio, toda a sala da biblioteca onde eu me encontrava se encheu de cheiro de enxofre e de um calor sufocante que me obrigou a vir embora!

Mais tarde, o P. Lemoyne escreveu: – Poderá parecer estranha essa coincidência de raios no momento de receber um decreto favorável a nós; no entanto, ela está em perfeita sintonia. Pode-se dizer que o decreto foi uma carta arrancada quase à força; sem a intervenção de Leão XIII, Dom Bosco jamais teria visto satisfeito seu desejo. Mas quantas humilhações, quantas rejeições o Santo teve que tolerar por mais de dez anos! Nós o vimos chorar, quando parecia que mais uma vez se tinham esvaído as esperanças, e foi então que o ouvimos exclamar: – Se eu tivesse sabido com antecedência que custava tantos sofrimentos, tantas canseiras, tantas oposições e contradições fundar uma Sociedade Religiosa, talvez eu não teria tido coragem de pôr mãos à obra!

Estando, afinal, tudo terminado, Dom Bosco pôde dizer: – Agora nada mais tenho a desejar, e peço a Deus que me leve consigo.

Sua vida caminhava para o fim. Resistiu ainda três anos e meio, que foram anos de sofrimentos físicos; mas neles brilhou sempre mais luminosa a sua santidade.

MB XVII, 140-143.

Eu sou indiferente a elogios e críticas: porque, se me elogiam, dizem o que eu deveria ser; se me criticam, dizem o que de fato sou.

100

PARAÍSO!

Trinta e um de janeiro de 1888. Alta madrugada, Dom Bosco agoniza no seu humilde quarto. O padre Rua ao ver que a situação precipita, coloca a estola e reza as orações dos agonizantes. Chamam-se às pressas os demais superiores; umas 30 pessoas, entre padres, clérigos e leigos, apinham-se no pequeno quarto; de joelhos, todos rezam.

Chega Dom Cagliero. O padre Rua lhe passa a estola e se põe à direita de Dom Bosco. Inclinando-se, sussurra-lhe ao ouvido: – Dom Bosco, nós estamos aqui, seus filhos; pedimos-lhe perdão pelos aborrecimentos que lhe causamos; como sinal de perdão e de paterna benevolência, dê-nos ainda uma vez a sua bênção. O padre Rua mantém erguido o braço de Dom Bosco e pronuncia as palavras da bênção.

Às três horas chega um telegrama do cardeal Rampolla com a bênção do Papa. Dom Cagliero entoa a oração do ritual: *Parte, ó alma cristã...*

Às quatro e meia soam as Ave-Marias na torre da igreja de Maria Auxiliadora. O estertor da morte cessa; a respiração se torna livre e tranquila; coisa de instantes.

– Dom Bosco está morrendo! Exclama padre Belmonte. Todos se põem de pé e se aproximam do leito. O Santo, calmo e sereno, respira profundamente três vezes... e cessa de viver.

MB XVIII, 541-542.

Digam aos meus jovens que os espero a todos no paraíso!

Turim, 1861, fotomontagem: Dom Bosco
entre os jovens.
A primeira foto de Dom Bosco.

Turim, 1861, pose solicitada por Dom Bosco: atendendo Confissões; o jovem que ele "confessa" é Paulo Álbera, futuro segundo Sucessor de Dom Bosco. A foto queria valorizar a Confissão: por isso, Dom Bosco a conservava exposta na antessala do seu aposento.

Turim, 1865-1868: Dom Bosco escritor.

Turim, 1875: Dom Bosco em meio à primeira
expedição missionária para a Argentina.
Ele entrega o livrinho das Constituições ao P. João Cagliero,
chefe da expedição, futuro Bispo e Cardeal.

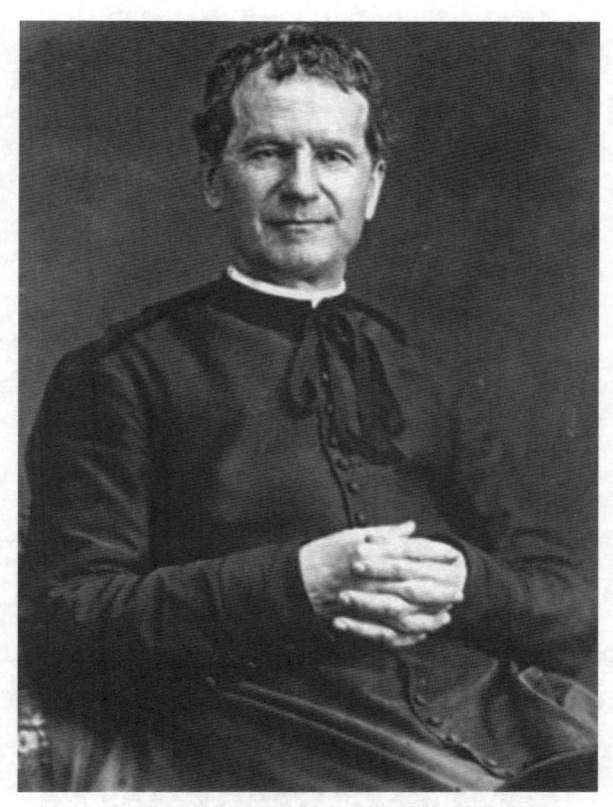

Turim, 1880: uma das melhores
fotos de Dom Bosco:
olhar, sorriso, determinação.

Turim, 1880: Dom Bosco em oração.

Barcelona, 3 de maio de 1886: na Vila Martí-Codolar:
entre Salesianos, amigos e jovens.

Sampierdarena (Gênova), 16 de março de 1886:
olhar, sorriso, paternidade.

ÍNDICE

ADVERTÊNCIA 3
PREFÁCIO 5
APRESENTAÇÃO 9
DOM BOSCO EM 12 PALAVRAS 11

Que presentão! 15
Uma galinha não é o diabo! 17
Os números da loteria 20
Pobre Dom Bosco! 22
As lagartas na horta 24
Dom Bosco não almoça hoje... 26
Você é amigo de Dom Bosco? 28
Perdi os meus pecados 30
Você vai ser padre! 32
O dinheiro que tem no bolso 34
O padre da polenta 36
Os tamancos... 38
Confessar-se com Dom Bosco 40
Pontapés em Dom Bosco? 43

Confissão involuntária..............45
Eu via os pecados... 47
Tesouro dividido ao meio 49
Frade? 51
Que chuva! 53
Faltam hóstias 55
Dívidas 57
Dom Bosco era assim 59
Olho inchado 61
A pombinha e o bispo 64
O cão vai voltar 67
Dom Bosco vê sempre 69
Que surpresa! 71
Línguas de fogo 73
Preso por um dedo 76
Ficar ou não com Dom Bosco? 79
Você sim, você não! 81
Coitadinho! 83
Joãozinho Bosco, como era? 85
O melro 87
Um sonho, uma vida 89
Aperte com força! 92
Menino indisciplinado 94
Padeiro pão duro! 96
Coisas do diabo 99
Para o manicômio! 102
O Grígio 105
Passagem barrada 108
O pai também 110
Um café, por favor 112
Um barbeiro muito "barbeiro" 114
Dê-me as rédeas 116
Batina e absolvição 118
Blasfêmias com taxa 121

Cansaço demais!	124
Briga de ciúmes	126
À cata de meninos	129
A Páscoa está chegando	131
Muita calma, muita paciência	134
A pedra fundamental	137
O carrasco	140
O que quer de nós?	143
Confiança é tudo	146
Os críticos de sempre	149
Santa inveja	152
A eficácia de um café	155
Então esperarei!	158
Não precisa!	161
Letra ruim, mas...	164
Dinheiro demais!	166
Agora descanso...	169
Todo mundo contra	172
Cardeal?	175
As castanhas acabaram!	177
Falar com Dom Bosco	180
Entre pela porta da igreja...	184
Diga ao Papa!	186
O olhar de Dom Bosco	190
Padre? Nunca!	192
Que memória!	194
Se é assim...	196
Morre-se tranquilamente	198
Dois pratos em um só	200
Um beijo no alto da cúpula	203
Fumando no alto da escada	205
Pílulas estranhas...	207
Pobre mulher!	210
O barrete de Dom Bosco	213

O baile frustrado 216
Não parece... mas é! 218
Atraso de 12 dias 220
Pairando no ar 222
Açúcar demais! 224
A superiora primeiro 226
Orelhas grandes 228
Fé em Maria 231
À sua disposição 233
Pouca roupa 236
Por que demora? 238
É demais para mim! 241
Morrer no lugar de Dom Bosco 243
Não me fale em Confissão! 246
Casa à vista! 249
Panela furada... 252
A fúria de Satanás 254
Paraíso! 258

Este livro foi composto com as famílias tipográficas Bimbo e Segoe
e impresso em papel Offset 63g/m² pela **Gráfica Santuário.**